历史的碎片

人类历史上的重大失误

盛文林 编著

北京工业大学出版社

图书在版编目（CIP）数据

人类历史上的重大失误/盛文林编著. —北京：北京工业大学出版社，2012.4（2021.5重印）
（历史的碎片）
ISBN 978-7-5639-3005-0

Ⅰ.①人… Ⅱ.①盛… Ⅲ.①世界史－通俗读物 Ⅳ.①K109

中国版本图书馆CIP数据核字（2012）第022973号

人类历史上的重大失误

编　　著：盛文林
责任编辑：江　舒
封面设计：天下书装
出版发行：北京工业大学出版社
　　　　　（北京市朝阳区平乐园100号　100124）
　　　　　010－67391722（传真）　　bgdcbs@sina.com
出 版 人：郝　勇
经销单位：全国各地新华书店
承印单位：天津海德伟业印务有限公司
开　　本：710mm×1000mm　1/16
印　　张：11.5
字　　数：260千字
版　　次：2012年4月第1版
印　　次：2021年5月第2次印刷
标准书号：ISBN 978-7-5639-3005-0
定　　价：28.00元

版权所有　翻印必究
（如发现印装质量问题，请寄本社发行部调换 010－67391106）

前言

在地球上，人类是最富有智慧的生物，被称为万物之灵。人类出现后，用自己勤劳的双手和智慧的大脑创造了一个日新月异的文明世界。而且，人类的智慧还在不断地推动社会向前发展。

但是，不能否认的是，在人类的历史中，人类也有过很多失误。在军事上、科技上和政治政策上，一些失误的影响是巨大的，它改变了人类的历史进程。

在人类历史上，战争此起彼伏。当然，交战就会有失败，战争失败的原因是多种多样的，比如意外的天气等。但是，如果仔细研究就会发现，战争的失败往往是由于种种失误造成的。尽管人们在战争初期已经作好了充分准备，计划也做得滴水不漏，但是错误的判断、人员的选择失误等情况常常会使战局变得与最初设想完全不同。尤其是那些战略上的失误，如盲目自大、抱残守缺、目光短浅，则可能葬送一个民族、一个国家。

在科学技术上，那些伟大的科学理论和科学发明在人类发展史上起到了不容忽视的作用，让人类有了长足的进步，让人类生活得更美好。但是，并非所有的理论都是正确的，很多盛行一时的理论最终都被证明是人类的重大失误。这些失误禁锢了人们的头脑，阻碍了科学的进步，是人类科技史上的败笔。

还有一些失误具体表现在政策和法律上。一项政策的失误，往往会阻碍国家的发展进步，给人民带来灾难。而那些外交上的政策性失误，不仅会给本

国，也会给相关国家带来不利的影响。

　　人类历史上的种种失误，尽管带来了许多不良后果，但我们也不要过度悲观和失望。了解这些失误，是为了更清醒地以史为鉴，从而为正确的行动提供指南。

目录

政治失误篇

王莽新政——盲目复古引发的悲剧 …………………………………… 1

重文抑武——"弱宋"之根源 …………………………………………… 6

闭关锁国——18世纪中国落伍的开端 ………………………………… 13

颁布《印花税条例》——引发美国独立战争 ………………………… 22

斯科特诉桑弗特案——引发美国内战的司法判决 …………………… 28

《凡尔赛和约》——第二次世界大战爆发的祸根 …………………… 40

国王拒签开战法令——墨索里尼上台 ………………………………… 48

德国总统内阁体制——纳粹党夺权的"清道夫" …………………… 57

霍利—斯穆特关税法——20世纪美国最愚蠢法案 …………………… 65

绥靖政策——助长法西斯嚣张气焰 …………………………………… 72

军事失误篇

伯罗奔尼撒战争——两败俱伤结束希腊黄金时代 …………………… 83

赤壁之战——统一大业终成泡影 ……………………………………… 92

四征高句丽——隋炀帝身亡国灭的耻辱之战 ………………………… 99

怛罗斯之战——华夏文明退出中亚 …………………………………… 105

无敌舰队覆灭——西班牙走向衰落 …………………………………… 112

西班牙王位继承战争——法国结束西欧霸权地位 ………… 119
日德兰海战——攻击至上思想的惨剧 ………………… 126
马其诺防线——毫无用武之地的坚固防线 ……………… 138
德军突袭苏联——斯大林盲目自信贻误战机 …………… 146
偷袭珍珠港——美国孤立主义的破产 …………………… 155
中途岛海战——第二次世界大战太平洋战区的转折点 ……… 165

政治失误篇

对于一个国家的人民来说，政策、法规的制定会给其带来很大的影响。如果这些政策、法律是适应形势的，正确的，无疑会促进社会的进步，使人民安居乐业。如果是错误的，无论是对国家还是人民，都会造成不良的后果。

王莽新政——盲目复古引发的悲剧

【时　间】 公元9～公元23年

【决策人】 王　莽

【失误简述】

公元9年，西汉实际掌权者王莽发动宫廷政变，命西汉皇帝下诏禅位，西汉王朝灭亡。王莽把他的政权命名为"新"，并以儒家思想为指导，开始一系列的政治、经济、社会变革，史称"王莽新政"。但终因新政不符合当时社会发展规律，并且在推行过程中存在许多失误，最终导致了失败。

事件背景

王莽，字巨君，汉元帝皇后的侄子。

王莽从小拜名士为师，虚心学习，苦读经书。在家中，孝顺母亲和寡居的嫂子，负责教育已亡兄长的孩子；在外面，广交朋友，对待掌握朝政

大权的叔叔伯伯们，他更是恭敬有加。

王莽的伯父、高官王凤生病休养在家，王莽侍奉左右，还亲口尝药，孝道超过了伯父的儿子们，这使王凤极为感动。

王莽的辛苦最终得到了回报，王凤临死时请求皇太后和成帝委任王莽为官，太后和成帝都答应了。王莽就做上了黄门郎。黄门郎虽然是很低的官职，但经常陪伴在皇帝左右，升迁的机会很多也很快。没多久成帝便升王莽做了射声校尉，品秩二千石，相当于地方的郡守，官职已经很高了。这时的王莽仅仅24岁，可谓前途无量。

公元前16年，在王莽的叔父成都侯王商的请求下，汉成帝将其户邑分封给了王莽，又加封王莽为新都侯。三十来岁的王莽已是掌握大权的重臣了，但王莽并没有显露出一点骄横之气，相反，他更加谦恭了。他广交名士，和众大臣友好往来，甚至将家财分发救济贫寒的宾客，因此赢得了很多人的尊敬。

公元前8年，任大司马的叔叔王根推荐王莽代替自己摄政。汉成帝加封王莽为大司马。这时的王莽还不到40岁。高升后的王莽依然像从前那样节俭、谦逊有礼，他不断地推举有贤德的人出任官职，还将皇帝赏赐给自己的钱都拿来分给大家。

王 莽

汉成帝驾崩后，汉哀帝继位，但7年后也死去，汉平帝继位。在姑姑太皇太后的支持下，王莽做了汉平帝的辅政大臣。接着，王莽将傅姓外戚赶出了京城，而他自己却当上了安汉公。

为了巩固自己的权势，王莽将女儿嫁与汉平帝成为皇后。然后，王莽得到了"宰衡"的称号，位居上公，并逐渐将朝政大权独揽在自己手中。王莽独揽朝政引起了汉平帝的不满，但未等平帝采取措施，便被王莽毒死

了。王莽又将刚满两岁的刘婴扶上帝位，自己则当起了摄皇帝。篡位之心显而易见。

公元8年，王莽废掉刘婴，代汉称帝，改国号为"新"。

事件经过

西汉王朝建立初期，人口稀少，生产凋敝。汉惠帝刘盈即位后，宰相曹参把道家清静无为的学说运用到政治领域，对人民的生产不加干涉，还多次减免赋税，以求增加人口、发展生产。

经过汉初的休养生息，汉王朝社会逐渐繁荣，财富大量增加，但贵族和地主在政府不干涉的情况下，大量兼并土地，导致无数农民失去土地，沦为佃农或奴隶。

另外，自汉武帝以来，接连的战争使得政府支出庞大，沉重的赋税、力役，早已使人民不胜负荷。加上天旱与蝗祸经常发生，更加剧了人民的困苦。在崇古思想的影响下，王莽以周公为偶像，欲以恢复"唐虞三代"的模样，着手改革，制定一系列新的社会政策。

王莽参照上古官制与汉朝官制，制定了新朝的官制。中央设置了四辅、四将、三公、九卿和六监。地方上则将全国分为9州、125郡。州设州牧，将郡太守改为大尹、都尉改为太尉、县令改为宰，后又设置卒正、连率等官职。这些变革，存在着浓厚的复古意味，官名虽改，但实际职权却没变。

王莽的新政主要包括：

（1）实行土地国有。恢复古代的井田制度。禁止私人买卖土地，严格控制拥有土地的数量，八口以下的家庭，耕地不得超过900亩，超过的一律没收。

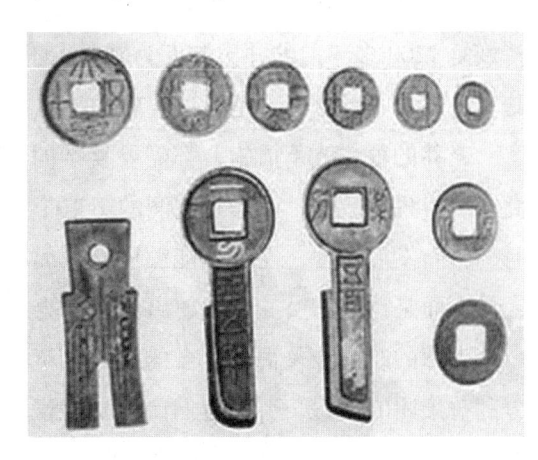

王莽改制时使用的钱币

（2）重新分配耕地。对失去土地的农民，由政府分给土地。以一对夫妇100亩为原则，不满100亩的，由政府补足。

（3）改革奴婢制度。冻结现有的奴隶数量，禁止继续买卖和产生新的奴隶、婢女，使其自然消失。

（4）强迫劳动。制定无业游民惩罚措施。如规定凡无业游民，每人每年须缴纳布帛一匹；无力缴纳的，政府强迫其服劳役，并在劳役期间供给饮食。

（5）专卖和货币、自然资源归中央。禁止酒、盐、铁器等私人贩售，一律实行国家专卖。剥夺富豪铸币的权力，货币由中央政府统一发行。山上水中的自然资源一律收归国有，统一开采。

（6）建立贷款制度。因丧葬或祭祀等原因，民众可以向政府贷款，只需归还本金，不收利息。如果因从事农业、商业生产向政府贷款的须缴纳利息，利息为纯利润的十分之一。

（7）政府干预经济。由政府控制物价，防止商人操纵市场。日用品在供过于求时由政府照成本购买，反之则由政府卖出，防止物价上涨。

（8）征收所得税。政府对一切工商业都征收纯收入1/10的所得税，政府用这项收入作为贷款或者平抑物价的资金。

王莽改革的基本指导精神是"复古"。他不顾当时社会基本情况，坚持恢复1200多年前的井田制度，颁布王田令，同时禁止土地买卖，这种措施本身就是一种倒退，是无法实现的。

王莽的很多改革措施，都需要复杂的计算和高超的技术手段，比如工商业所得税的缴纳，都是纯利润的1/10。这需要复杂的成本会计学，按当时的科学发展程度，没有人能够胜任。而且王莽所依靠的不是专业的技术人员，而是行政官员。要求超出他们的能力范围，失败是必然。

王莽的改革涉及很多社会的弊病，革除这些弊病就必然要侵害到一部分利益集团的利益，引起他们的强烈怨恨，对新政疯狂反击。比如土地国有使地主怨恨，禁止私钱使富豪怨恨，禁止买卖奴隶使奴隶贩子怨恨等，他们的反击成为王莽失败的重要原因。

而且，所有的新政，无不依靠严酷的刑罚来强制执行，违背法令的人将被流放。流放在封建社会是仅次于死刑的一种刑罚，流放后还要服劳役，以后也不准再返回家乡。吏民因买卖田宅奴婢、私自铸钱及牵连受罚者不可胜数。

事件影响

王莽实行新政期间，全国各地普遍发生旱、蝗等灾荒，人们对新政越来越不满，最终民变四起。公元23年，一支起义军攻入长安城。王莽率残兵败将千余人退守渐台。最终将士全部战死，王莽也死于乱军之中，被士兵肢解。几天后，王莽的人头被悬挂在了南阳宛城市上，人们纷纷向其头上扔石子，甚至割下了他的舌头。王莽死了，仅存在15年的新朝也灭亡了。他推行的新政也随着他的身亡国灭而彻底失败。

相关链接

遍布全国的反莽浪潮

王莽掌权之初，得到了一部分人的拥戴，也遭到不少人的反对。王莽进京时曾召请新都相孔休，想任命他为国师，被孔休杜门谢绝。大司空彭宣、王崇，光禄大夫龚胜，太中大夫郇汉等也请求谢官归里。

公元6年，安众侯刘崇率百余人攻宛，因人少失败。

公元7年9月，东郡太守翟义打出"为国讨贼，以安社稷"的旗号，起兵十余万，立严乡侯刘信为天子，三辅二十三县十余万人起而响应，闹得都城周围十分紧张。

公元8年9月，期门郎张充等六人密谋劫杀王莽，拥立楚王，事发后被诛杀。新朝建立后，反莽活动仍没有停止。

公元9年4月，徐乡侯刘快率数千人起兵。真定人刘都等密谋举兵造反，事泄被诛。

公元11年，各地百姓苦于新莽政权频繁的征发，相继弃城郭流亡为盗贼。公元15年，五原（今包头市西北）、代郡（今河北蔚县西南）一带百

姓不堪北征匈奴士卒的骚扰，数千人起而造反。

公元17年，瓜田仪在会稽长洲（江苏苏州）率众起义。

同年，琅琊海曲（今山东日照）妇女吕母为被县宰冤杀的儿子报仇，率众攻破县城，处死县宰，自称将军，出没于海上，其势力迅速发展到数万人。吕母是中国历史上出现的农民起义的第一个女领袖。

公元18年，东海（今山东郯城北）人刁子都率众起义，队伍迅速发展到数万人，活跃于徐州等地。在北方，也出现数十支起义军，其中较为著名的有铜马部、青犊部、上江部、城头子路部等。在南方，有张霸在南郡（今湖北江陵东北）的起义、羊牧在江夏（今湖北云梦）的起义、秦丰在南郡的起义、王州公在庐江（今安徽庐江西南）的起义。这些义军人数不等，少则数千，多则数万、数十万，其活动范围往往跨州连郡，活跃于广大地区。

在当时遍布全国的起义军中，有两支最大的队伍，成为农民起义的主流，这就是南方的绿林军和北方的赤眉军。

重文抑武——"弱宋"之根源

【时　间】宋朝
【决策人】赵匡胤、赵光义
【失误简述】

"重文抑武"是宋朝的基本国策，即所谓"重文教，轻武事"。这是在北宋初期，统治者为防止"黄袍加身"这类事件再次上演而制定的制度，并作为基本国策。这个基本国策也为后世的皇帝所奉行，影响了整个宋朝。这项制度也造成了宋朝统治者在对外战争中屡屡处于劣势，成为产生"弱宋"局面的根源。

事件背景

960年，后周禁军将领赵匡胤发动陈桥兵变，黄袍加身，建立了宋朝。

政治失误篇

运用这种夺取政权的方式，赵匡胤并不是第一个。早在他之前的后周太祖郭威也是利用这种方式登上帝位的。

为了防止此类事件的再次上演，宋初的统治者制定了"重文教，轻武事"的重要制度，对整个宋朝时期甚至以后都产生了重大影响。

早在赵匡胤平定了李重进等藩镇的叛乱，又用各种手段制伏了其他几个藩镇之时，他就越发意识到自唐中期以来藩镇割据的危害。唐中后期的历史就是唐廷与藩镇的战争史。中央制伏不了地方，皇帝的威信不如节度使。五代时藩镇更是祸乱之源。他认为这种强枝弱干、尾大不掉的状况必须加以改革。

赵匡胤

事件经过

在宰相赵普的建议下，赵匡胤开始抑制藩镇势力，收回藩镇所领的支郡，并以文官知郡事，以分其权。

杯酒释兵权

之后，赵普又建议撤换禁军大将石守信等人，宋太祖认为石守信、王审琦、高怀德等人不仅立有战功，且与自己私交甚厚，不肯罢免。赵普坚持己见，说石守信等人没有驾驭部下的才能，恐其部下推戴其作乱。赵匡胤

历史的碎片 7

觉得赵普之言有理。于是，"杯酒释兵权"这一幕便在皇宫中上演了。

"杯酒释兵权"后，石守信、王审琦、高怀德等人被调离禁军，出为藩镇节度。慕容延钊、韩令坤等禁军大将也被解除了禁军职务。从此，担任禁军高官的都是些没有声望的人。

后来，赵匡胤想用符彦卿来典掌禁军，诏书都写好了，仍遭到了赵普的反对。赵普认为此人出身后唐名将之家，且历仕唐、晋、汉、周四朝，皆有战功，无论从官职还是地位都非常高了，且此人又是后周的外戚，所以赵普坚决不同意。

而赵匡胤不以为然，说："朕如此厚待符彦卿，他岂能负朕？"

赵普斩钉截铁地反问道："周世宗待陛下如何？陛下又何以负了周世宗？"

赵匡胤顿时哑口无言，最后只好作罢。

接下来，赵匡胤为削弱地方武将权力，又采取了一系列措施：如派文臣到地方任职，剥夺节度使的行政权；派专人任转运使，剥夺节度使的财权。这样就初步解决了自唐后期以来的武人专政，藩镇割据的问题。进而，赵匡胤对武将实行种种限制，如最突出的"更戍法"，规定将领与士兵都要轮换调动。这个措施使得将领无法拥有根深蒂固的兵权，皇帝成为真正掌握兵权的人。

宋太祖蹴鞠图

宋朝自宋太祖时就默许甚至提倡享乐思想，追求奢侈的生活方式。另外，北宋在灭亡诸多割据政权后，把各个政权投降或是俘虏的君主都迁至首都汴梁。这些人携妃将妾，举家迁徙，大兴土木之外，就是追求豪华奢侈的生活方式。这对人生如梦的享乐思想的盛行起到了推波助澜的作用。

8　历史的碎片

政治失误篇

宋初，由于功臣宿将的存在，重文轻武政策的消极作用尚不明显。对兵力较弱的南方诸国，包括北汉，还能取得军事胜利。但在宋太宗的对辽作战中，"重文轻武"政策的消极影响就表现出来了。

在灭亡山西的北汉政权以后，刚愎自用的宋太宗不顾军队的疲惫，不听从部下的忠告，率大军攻辽，结果失利。

对辽作战的失利，特别是在宋军混乱之机，有人要立赵匡胤长子赵德昭为帝，使宋太宗大为光火，进而把注意力由外向内，开始处心积虑地巩固他及子孙的帝位。

第一步，清除赵德昭。原因有二，一是在平定北汉之后，赵德昭曾多次要求宋太宗对平定北汉的有功将士给予赏赐，颇得军心。二是在对辽作战期间，曾有人借混乱之机想拥立赵德昭为帝。这使得宋太宗颇为不安，所以在德昭又一次要求宋太宗奖赏有功将士的时候，太宗冷冰冰地说"待汝自为之，赏未晚也"，迫使赵德昭自杀。

第二步，逼死赵匡胤的三子赵德芳。赵德芳死时只有23岁，虽然没有明证说明赵德芳的死与宋太宗有关，但是赵德芳死时正当壮年，而且是在赵德昭死后赵匡胤的唯一传人，是对宋太宗帝位最有威胁的人。他的死，不一定与宋太宗毫无关系。

第三步，清除弟弟赵廷美。首先，将赵廷美由开封尹贬至西京留守；其次，清除赵廷美身边的亲近官员，

记载宋辽订立"澶渊之盟"的实物回銮碑

并且派人监视；再次，将赵廷美由西京留守贬为涪陵县公，在涪陵居住；最后，赵廷美郁郁而终。

在清除了皇位的威胁后，宋太宗在军事上也采取了一系列的措施。对

历史的碎片 9

辽采取守势，收缩战线，事实上是放弃了收复幽云十六州。军队的精锐禁军，有一半集中在京城附近驻防，边境上只有少数禁军和地方厢军。

在这种守内虚外、强干弱枝的国防政策的影响下，地方变得软弱不堪，无力抵挡少数民族政权的进攻，以至于辽或金的军队能够长驱直入，很快威胁到宋的都城，战争一开始就给宋方以强大的心理压力。地方力量过于软弱，甚至连农民的暴动都无力镇压。

自从宋太宗对辽战争失败后，宋代的君主们一代比一代懦弱。继太宗后上台的真宗，听到辽军大举进攻的消息后，顿时惊慌失措，在大臣寇准的极力鼓励下才勉强亲征。但是，在有利的形势下，却主动向大辽求和。签订"澶渊之盟"后，宋真宗再也不敢对辽作战以雪耻，而是在王钦若、丁谓之流的引诱下极尽享乐，挥霍无度。继真宗后上台的仁宗，也不过是守成之君。

到了南宋时期后，岳飞等"中兴四将"尚能为宋室在军事上奋力一搏，使宋朝在军事上取得辉煌的战果。但高宗为了皇位宁可不要中原，只要和约。这之后的宋室，曾有北伐，但都所用非人，在军事一直未能振作，最终亡国。

事件影响

"重文抑武"的国策，导致这样的社会现实：自宋朝开国以来，可谓战将如云、英雄辈出，但是，北宋、南宋两朝，却始终处在被动挨打、忍辱求全的境地，外族入侵不断，最终被蒙古族所灭。

宋朝名将确实不少，但善终者却鲜有。北宋初年的杨业，被逼得以死明志；曹彬虽被誉为宋初名将第一，也不过是能遵命耳；其子曹玮，在丁谓的排挤下只能默默无闻地死去；狄青虽功勋卓著，位至枢密，但由于出身武将，最终也只能是外调；最冤莫过于南宋抗金名将岳飞。

与此同时，文化却异常繁荣昌盛，尤其是宋词，被后来的历朝历代称之为奇葩。文人墨客、风流韵事，冠绝一时。

其次，两宋时期，中国的商品经济高度发展，集中体现在城市的繁荣

上，以北宋都城东京为例："举目则青楼画阁，绣户珠帘。雕车竞驻于天街。宝马争驰于御路。金翠耀目，罗绮飘香，新声巧笑于柳陌花衢。按管调丝于茶坊酒肆。八荒争凑，万国咸通。"

《清明上河图》

在这种环境的影响下，人们对战争有一种本能的恐惧感，安于现状是他们首要的需求，甚至到了苟延残喘的地步。当他们陶醉在欢乐之中的时候，不知道战争即将来临。

宋朝从960年建立到1279年彻底灭亡，历时三百余年，可谓是国运绵长。虽然时间很长，但是存在的过程非常艰难。北宋面临辽、夏的威胁；南宋只有半壁江山，先有金的威胁，后有蒙古的威胁，最终灭亡于元朝。其国运绵长的原因，在于经济的发展。

再次，"重文教，轻武事"的基本国策使得宋朝堪为中国封建王朝中文臣最幸运的时代。作为该基本国策的重要一环，科举制度极大地拓宽了中下层地主阶级知识分子进入仕途的道路。中举后的优厚俸禄，也极大地吸引着大宋的文人们，也确实培养出一批名臣，但总体来看，群臣素质良莠不齐。

文人相轻的陋习在宋代相当盛行。经济的发展，使大宋文人们变得越来越温文尔雅、保守持重，而太祖所定下的那种宽容原则，使他们更找到了甘于平庸的借口和理由。他们自己做不来大事，却不允许别人做事时犯

人类历史上的重大失误

一点错误。为了遮掩自己的劣迹，借批评别人来证明自己并未推卸责任。甚至，他们还可以做出污蔑陷害之事。

比如，在政治方面，官吏的选择关系到一个国家生死存亡。宋代官吏的选择除了通过科举考试选拔中下层地主阶级知识分子之外，还有大批的官员是通过"荫功"（即靠父辈或者是祖辈的功劳直接进入仕途）。并且后一种方式存在着日益扩大的趋势。不可否认，通过后一种方式做官的人，也存在有才干的人，但庸才远远多于人才。

另外，在官吏的考核上，在多数情况下，宋朝还实行论资排辈的方式，靠年历、资历，而不是凭才干。这种人在宋代政权中占有相当大的比例，成为政治改革的巨大阻力。所以，要改革官吏考核标准的寇准，任宰相不久便被排挤出去，究其原因，就在于他的考核方式得罪了那些论资排辈的庸才。

寇 准

再如，范仲淹推行庆历新政，最终以失败告终。失败的原因固然很多，用人不当就是一个非常重要的因素。在王安石变法中，对官吏的选拔，则犯了一个致命的错误，即党同伐异。尤其是后期，吕惠卿、蔡京等投机之徒上台，最终为变法带来不利的影响。

两宋时期，基本上没有汉唐的宦官专权、藩镇割据之害，但历朝皆有权臣，从北宋初年的赵普，到南宋末年的贾似道。臣僚之间党同伐异，争斗不休。为此，欧阳修还

王安石

历史的碎片

曾著有《朋党论》，为朋党正名。但前期多君子之党当政，尚能争论为国，后期多小人之党，且以朋党罪人不浅。

即使是君子之党之间的争论也产生了极大的内耗。与此同时，当权者急功近利，很难逾越党派之见，不能通盘考虑、不拘一格地起用贤才。因而，使国事越来越糟。在小人当政时就更不用说了。

这些事实就发生在宋朝。官员世族的骄淫奢侈与民不聊生、官逼民反形成强烈的对比，文化繁荣与忍辱苟安相并存，国弱民穷，这一切都可以从某种意义上归根于"重文轻武"这一国策。

闭关锁国——18世纪中国落伍的开端

【时　间】18 世纪

【决策人】康熙、雍正、乾隆

【失误简述】

18 世纪的中国，最大的失误莫过于清朝初期统治阶层实行的闭关锁国政策了，这一政策使中国与当时日益前进的世界历史潮流绝缘隔离，阻碍了社会的发展，致使国家和民族为此付出了沉重的代价。

18 世纪末，亦即乾隆晚期，法国发生震惊世界的大革命，扫荡了欧洲的封建堡垒，为资本主义制度发展开辟了道路。与当时的欧洲社会相比，同时代的"康乾盛世"则显得黯然失色了。

闭关锁国政策，让中国落后了一个历史时代，看上去犹如衰颓的老翁，失去了活力和生机。

事件背景

闭关政策并非凭空产生，其有着极其深刻的根源，中国封建社会的自然经济结构和远离其他文明中心的地理环境，形成了相对独立、自我延续的深厚的中国古代文明，这一文明必然带有排他拒外的倾向。

人类历史上的重大失误

明代后期，西方殖民主义东进，大批传教士涌入中国，带来了西方的科学技术和书籍、仪器，这是继佛教之后外来文化的第二次大规模输入。但东进的欧风并没有像佛教那样在华夏大地遍地开花，而是遇到了重重阻碍。18世纪的中国，也在日益排斥、远离世界潮流，更加严格地闭关锁国。

事件经过

清朝初期实行闭关，一个最主要的目的是隔绝大陆人民与台湾郑氏抗清力量相互往来，防范人民集聚海上，再以后就主要针对外国商人，以条规立法形式，严加限制对外贸易。

顺治初年，朝廷沿袭明朝成规，不许外国商船进入广州，只准于澳门交易。随后，由于东南海上郑成功抗清力量的存在，清廷采取了更加严厉的限制出海措施。

顺治十二年（1655年）六月，闽浙总督屯泰请于沿海省份立禁令，"无许片帆入海"，违者立即法办。

于是，清政府下令禁止官民人等擅自出海贸易，如有"将违禁货物出洋贩往番国，并潜通海贼（指郑成功）"，"或造大船，图利卖与番国，或将大船赁与出洋之人，分取番人货物者，皆交刑部治罪"。

但是，一些贪图丰厚利润的商人仍在暗中与台湾郑氏势力进行贸易往来。顺治闻讯，认为这是立法不严所致，于是在1656年下达禁海令，规定不论官民，凡是私自出海者俱行正法，货物入官，本犯家产尽给告发之人。文武各官失察或不追缉，从重治

郑成功铜像

14　历史的碎片

罪；保甲不行首告，论死。沿海可泊船舟处，处处严防，不许片帆入口，如有登岸者，防守官即以军法从事，督抚议罪。

1661年，为保证禁海令的顺利实施，清廷进一步下达"迁海令"。强迫海岛和沿海居民内迁15~25公里，设界不得逾越。又在法律上规定：凡将牛马、军需、铁货、铜钱、缎匹、绸绢、丝棉出境贸易及下海者，杖一百；将人口军器出境及下海者，绞；走泄事情者，斩。官吏庇纵者，同罪。

禁海令和迁海令颁布后，沿海居民流离失所，没有谋生之计，沿海地区经济的发展受到了严重的影响，沿海一带一片荒凉景象。

康熙初期，爆发三藩叛乱，台湾的郑氏势力卷土重来，在福建沿海登陆。康熙十七年（1678年）闰三月，康熙帝下令："应如顺治十八年（1661年）立界之例，将界外百姓迁移内地，仍申严海禁，绝其交通。"

清政府统一台湾后，次年，重开海禁，命令沿海各省将先前所定海禁处分

康熙画像

之例尽行停止。除军械外，其他贸易被允许进行。同时指定广州、漳州、宁波、云台山四个口岸对外国通商。

海禁重开后，造船出海的人日益增多，同时越来越多的人选择定居海外，回国的人仅占出海者一半左右，这引起了清朝政府的恐慌。清政府担心"数千人聚集海上，不可不加以防范"；并认为南洋各国历来是"海贼之渊薮"，于是在康熙末年再次实施禁海令，严禁与南洋往来贸易，严令沿海炮台拦截前往船只，并派军队在海上巡查。

南洋海禁之后，本来一度繁荣的对外贸易又复委顿。沿海经济日趋萧条，以致有用四五千金建造的大船，任其朽蠹于断港荒岸之间。一些没有生活着落的民众被迫逃亡海外，一些民众在陆上聚众作乱，对抗朝廷。

人类历史上的重大失误

为减少中国与外国之间的交往，清政府在对贸易范围实行限制同时，还实行了禁教政策。

17世纪末，清政府允许天主教在中国传播。但随着在中国影响的扩大，教会开始直接干涉中国的内政。尤其是1704年罗马教皇格勒门十一世订立"禁约"，禁止中国教徒尊孔祭祖。这项要求不仅遭到了清政府的拒绝，还导致了禁教政策的产生。

雍正皇帝登基不久，即下旨禁止传教活动，限制传教士来华，又限制中国商民出洋贸易、谋生。雍正年间，资本主义洪流在西欧风起云涌，外商来华贸易日渐增多。但中国商人出洋贸易却被设置了种种障碍。后来，在沿海各省的再三要求下，虽稍稍放开海禁，但仍加以种种限制。尤其对久居外国华侨商贩和劳工的限制更加严格，规定如果逾期不能回国，便不允许其再回到国内。

出于对外来先进文化可能危及自身落后统治的恐惧，雍正对这些外来文化持一种抵制态度，他开始大规模驱逐传教士。这一事件，一是因罗马教廷有派教士控制中国的幻想，引起了中国封建皇权与西方宗教神权的冲突；二是天主教的传播吸引了一定程度的中国下层民众，使清朝统治者不安。

在鸦片战争前，抵制外来文化这一措施成为清政府对外关系的基本政策，客观上使清帝国处于对外一无所知的闭塞状态；而另一方面，世界各国尤其是西方国家人民对中国的误解和敌视大大加深了，中国的国际形象遭到破坏，在国际舞台陷入孤立境地。这种拒绝与世界交往的态度，并未起到任何保护中国的作用，相反却带来了无穷的后患。

公元1736年，爱新觉罗·弘历登基，年号乾隆。

雍正画像

历史的碎片

政治失误篇

在乾隆初年，中外贸易受到的限制还很少，政府也持较宽容的态度。康熙时本有四口通商的规定，但几十年间，外国商船绝大多数开赴广州贸易，形成了固定的贸易路线和惯例。乾隆十二年（1747年），西班牙商船到福建厦门贸易。当地官吏认为"此等夷船终不宜使之源源而来"，清廷却比较宽容，不同意地方官吏的意见。复示"此等贸易，原系定例准行，今若不令复来，殊非向来通商之意"。

乾隆画像

乾隆二十年（1755年），一些原在广州贸易的英国商船不堪广州行商和粤海关官吏的勒索，来到浙江宁波贸易，并打算将原有的贸易路线加以变更，开通新的口岸。

对此乾隆犹豫不决，一方面他担心外国商人在浙江活动；另一方面又无意用强硬手段禁止贸易。他一度考虑在浙江开辟第二个通商口岸，"今番舶既已来浙，自不必强之回棹。唯多增税额，将来定海一关，即照粤关之例，用内务府司员设立海关，补授宁台道督理关务。约计该商等所获之利，在广在浙，轻重适均，则赴浙赴粤，皆可唯其所适"。

是时，清政府面临一个重大选择，是一口通商还是多口通商？如果允许浙江开埠，更加接近茶、丝产地，中英贸易必将获得更大发展，江浙富庶之区将被带动起来，由此，广州的外贸垄断体制将遭遇挑战，浙江和广东在招揽贸易方面将展开竞争，这无论从贸易规模还是对外交往上来说，都会起到很大的促进作用。

可惜，在关键时刻，乾隆步步倒退，在一口通商和多口通商之间，在更加封闭和稍稍开放之间，选择的是前者。

乾隆作出这项选择也存在一定的偶然因素。由于要考虑浙江开埠的利

历史的碎片　17

弊，乾隆把原任两广总督杨应琚调任闽浙总督，要他对浙江通商进行调查。中英贸易长期在广州进行，形成了一个包括行商、粤海关监督、广东地方官员吏役在内的庞大的利益集团，他们从垄断的对外贸易中获得了丰厚的利润，因此不愿使贸易转向浙江。已任两广总督三年的杨应琚正是广州对外贸易利益集团的主要代表。他以粤民生计和两省海防为理由，力陈浙江通商的弊害。乾隆接受他的建议，加强了闭关措施，形成了此后将近一个世纪内一口通商的不变格局。

当然，一口通商和闭关政策的严格化，不是杨应琚一纸奏文所能决定的，也不是广州利益集团完全能操纵的，它是众多历史因素合力相互作用的结果。包括乾隆在内的许多人都有闭关锁国的思想和倾向。杨应琚的意见对这种思想和倾向无疑是推波助澜。

一口通商不能满足英国商人，他们千方百计希望取消禁令，英国东印度公司派代表洪仁辉往宁波试航，如达不到目的，就直接航行至天津，设法到乾隆的面前去告御状。

接到指示后，洪仁辉于1759年由广州出航，并向当地官员假称回国，实际却偷偷地直航宁波。不过，清朝官员很快发现了他们的行踪，结果洪仁辉的船在定海海域被清朝水师拦住，无法驶入宁波。

之后，受到阻拦的洪仁辉驾船来到天津。在天津，洪仁辉通过行贿手段将一纸诉状送到直隶总督的手中，并由后者转呈乾隆皇帝御览。洪仁辉在诉状中控告粤海关官员贪污及刁难洋商，并代表东印度公司希望清政府改变外贸制度。

诉状递出，洪仁辉异常高兴，认为这必然会使清政府改变一口通商的政策，但他大错特错了。他的诉状使乾隆皇帝勃然大怒。乾隆认为洪仁辉不听浙江地方官的劝告，擅自赴天津告状，不但有辱天朝的尊严，而且怀疑他是"外借递呈之名，阴为试探之计"。

结果，洪仁辉被驱逐出境，而那位替洪仁辉代写诉状的中国人，落了个被斩首示众的下场。

更为严重的是，此事成为清政府强化闭关政策的契机。同年，广东制

政治失误篇

定《防范外夷规条》，第一次明文规定对来华外商的严格约束，外商在广州只有很小的活动余地。

同年，由于丝价上涨，清政府将其归于出口太多的缘故，并下令禁止输出这一传统的对外贸易商品。

殊不知，清政府的这一做法却适得其反。在这一政策的影响下，国内的民生受到极大影响。几年之后，沿海各省纷纷要求解除丝织品出口之禁，恢复生丝贸易。而在禁运的这段时间内，意大利等地蚕桑丝织业得到了迅速发展，在丝绸贸易上挑战了中国的霸主地位。此后的中国的丝绸出口一直疲软不振。

广州一口通商的体制日益不能适应增长中的中外贸易，清政府闭关措施越来越严格。清政府坚持闭关政策出于什么考虑呢？不少人认为是为了防御外来侵略，是正当的自卫政策。

但是，18世纪的清政府处在鼎盛阶段，财富充足，国力强盛。大批传教士的东来和中外贸易的发展造成了中外交往前所未有的规模。荷兰曾侵占台湾，沙俄曾侵占黑龙江，但在中国的坚决反击下，外国的武装侵略均告失败。18世纪的中英关系基本上是和平的商业关系，没有重大的军事对抗，不构成对中国领土、主权的威胁。

当时的实际情况是：世界上还没有任何国家能远征中国，对中国造成严重的军事威胁。对外国势力一定程度的警惕和防范是应该的，但并无闭关自守的必要。清朝统治者所以要执行严格的闭关政策，并非担心外国立即有军事入侵的可能，而主要是针对国内的骚动和反抗，它害怕中国人民和外国人频繁接触，不是带来中外之间无休止的纠纷，就是中外结合，增强反对清朝统治的情绪和力量。

马克思曾说："推动这个新的王朝实行这种政策（指清朝的闭关政策）的更主要的原因，是它害怕外国人会支持很多的中国人在17世纪的大约前半个世纪里即在中国被鞑靼人（指满族）征服以后所怀抱的不满情绪。由于这种原因，外国人才被禁止同中国人有任何来往。"

正是由于这个原因，闭关政策的渐趋严格和乾隆中期以后国内阶级斗

历史的碎片

争的日益尖锐有关。虽然外国人和抗清起义没有多少关系，但清政府总是疑神疑鬼。

乾隆十八年（1753年），安徽马朝柱聚众谋反。为扩大影响，马朝柱借用了"西洋寨"等名目，实则与外国人毫无干系，但这使得清政府对天主教更加警惕，对传教的禁令更加严格，凡是和外国人有来往的中国人均被视为奸徒。

洪仁辉案件中，原告英国人洪仁辉被驱逐出国，而代英国人书写状词的四川人刘亚匾被处死刑。清政府害怕人民和外国人交往，故而科罪最重。

乾隆四十九年（1784年），甘肃回民田五起义，当时刚好查获有四名外国传教士潜入陕西传教，这使得乾隆极为不安，他认为："西洋人与回人向属一教，恐其得有逆回滋事之信，故遣人赴陕，潜通消息，亦未可定。"谕令地方官吏留心稽查防范。

18世纪后期，中国的一个国情是：国内阶级矛盾愈益激化，防范中外交往日益严密，闭关政策的执行日益严格。

在乾隆看来，目前国力虽盛，以后将有盈虚损益，对外交往将会带来危险，给国内统治增加不安定因素，所以宁可闭关不开，排拒外来势力。

事件影响

闭关锁国政策推行了二百多年，它对西方殖民者的侵略活动起到一定的自卫作用。但是，清政府实行闭关锁国政策时期，正值西方国家进行资产革命和工业革命，跨入生产力迅速发展的新时代。清政府闭关锁国，与世隔绝，既看不到世界形势的变化，也未能适时地向西方学习先进的科学知识和生产技术，使中国在世界上逐渐落伍了。

明朝以前，中国是当时世界上经济和技术比较发达的国家之一，是东方的一大强国。然而，到1840年鸦片战争爆发时，中国人均粮食产量仅有200千克左右，美国已接近1000千克；中国年产铁约两万吨，不及法国的1/10，英国的1/40。领先世界的造船业和航海业也在此时走向衰落。往日出没于东南亚海面的中国船队随之销声匿迹，被其他国家的船队取代。中

国的各项发明和技术，在明朝中后期较西方仍互有长短，但到1840年已全面落后于西方了。

清政府实行闭关政策，隔绝了中外交流，阻碍了中国社会的进步。对出海贸易的限制，使经济的发展受到了严重影响。同时，中国人民与世界潮流基本处于隔绝状态，不明世界大势，而清朝统治者更是闭目塞听，其结果正如魏源所说："以通事二百年之国，竟莫知其方位，莫悉其离合。"

1840年，鸦片战争

到了1840年，英国侵略者终于用军舰大炮轰开了中国的大门，中国屈辱的历史开始了。

相关链接

康熙与科技

康熙是中国历史上最早接触西方科技的人之一，但他把许多西方的科技项目当成了自己的玩具。当他玩着这些玩具正高兴的时候，西方已经大步地走向了工业化社会，让中国错失了进入工业化，和西方各国平起平坐的大好时机。

康熙并不是没有机会近距离地接触这些西方先进的科技知识。1691年8月21日，他召见张诚，向其学习使用天文环，康熙虽然弄得满头大汗，但还是对这个仪器的全部用法进行了实习。他对天文环及半圆仪的准确程度给予了高度评价。康熙对天文学的兴趣和造诣，也许可以说在中国历代帝王中绝无仅有。可惜的是，虽然康熙的身边有这样一些来自西方的人，让他有机会接触到西方的科学知识，但他唯一感兴趣的只有天文历法。他之所以对天文历法感兴趣，原因是想证明他是真正的天之子，他的权力来自于上天。所以，虽然康熙早就了解了西方的科技，甚至亲自接触了西方

的科技，但直到康熙一朝结束，在他领导下的古代中国都没有一点要向西方学习科技的意思。

颁布《印花税条例》——引发美国独立战争

【时　间】18世纪60~70年代

【决策人】英国政府

【失误简述】

自英国开发海外殖民地以来，为了维护英国本土的垄断利益，颁布了一些限制殖民地经济发展的法令，例如《航海条例》。随着北美殖民地自身发展，殖民地人民越来越希望减少对英国本土的依赖，寻求独立发展其自身的经济。然而，这却引起了英国当局的不满，英国当局开始采取很多高压政策以阻遏殖民地经济的自由发展。

18世纪60年代，英国政府先后颁布《印花税条例》和《唐森德税法》，在1773年3月5日，派驻北美英军开枪射杀反抗英国当局暴政的波士顿居民，制造了"波士顿惨案"，后于1774年，英国当局更颁布了五项"不可容忍的法案"，激化了双方的矛盾。最终导致了美国独立运动的爆发。

事件背景

1607年，英国人横渡大西洋，来到北美大陆，建立了第一个殖民地——弗吉尼亚。经过不断拓殖，到18世纪30年代，英国人已在北美大西洋沿岸建立了13个殖民地。这些殖民地的居民除英国移民和土著居民印第安人外，还有来自欧洲其他国家的人以及非洲来的黑人奴隶。每个殖民地都由英国派来的总督统治。这时的殖民地已经开发了大量的种植园，建立了纺织、炼铁、采矿等多种工业，经济比较繁荣。

那时候，资本主义经济在英属北美殖民地得到迅速发展，并成为主流

政治失误篇

经济。与之不相称的是许多落后的经济成分依然存在，殖民地的统治模式是依照英国政体建立的，每个殖民地都有自己的总督和议会。总督代表英国对殖民地进行统治，拥有行政、经济和军事大权，可以否决议会通过的法案。

弗吉尼亚殖民地的一个印第安人村庄

经济的高速发展，使得英属北美各殖民地间的交流日益密切，一个统一的大市场已初步形成。同时，在长期的交流、融合过程中，英语成为来自各殖民地的共同语言，逐渐产生了共同的文化。在此基础上，美利坚民族开始形成，民族意识逐渐觉醒。

18世纪上半期，在英属北美殖民地启蒙思想得到了很广泛的传播，涌现出一些杰出的思想家，如富兰克林和杰斐逊。英属北美殖民地的民族和民主意识日趋增强。

杰斐逊

到了18世纪中期，英属北美殖民地的经济呈现出一片欣欣向荣的景象：北部工商业发达，中部盛产小麦，南部种植园经济繁荣。尤其在国际市场上，北美生产的许多产品都对英国产品形成了不小的冲击力。

为争夺对北美殖民地的控制，英国与法国在1756～1763年进行了长达七年的战争。英国虽然打败了法国，控制了北美大部

历史的碎片　23

分地区，但因长期的战争而导致财政困难。于是，英国政府不断地向北美各殖民地增加税收，并实行高压政策，对殖民地进行蛮横的压榨和残酷的剥削，英国希望北美永远做它的原料产地和商品市场，竭力压制殖民地经济发展，并从殖民地搜刮更多的财富。

事件经过

为了维护英国本土的垄断利益，英国政府在大力开发海外殖民地的同时，也颁布了一些限制殖民地经济发展的法令，例如《航海条例》。

与英国政府的想法相反，随着北美殖民地自身发展，殖民地人民越来越希望减少英国本土对自己的控制，寻求独立发展其自身的经济。这自然而然地引起了英国当局的不满。在英国政府的意愿中，北美殖民地就是其廉价的原材料供应地及商品倾销的市场。

因此，为了阻遏殖民地经济的自由发展，英国政府采取了一系列高压政策。英国当局首先颁布法令，不准殖民地居民向西开拓，禁止自行发行货币，接着又对其课以重税并最终将殖民地的议会解散。

1765年，为转嫁沉重的军费负担，英国政府颁布向英属北美殖民地直接征税的条例。七年战争后，英国政府为了进一步控制殖民地和镇压印第安人，派遣一万名军队常驻北美，由当地负责全部开支。

1765年，英国人又开始向北美殖民地征收印花税。他们规定，一切公文、契约合同、执照、报纸、杂志、广告、单据、遗嘱，都必须贴上印花税票才能生效可流通。税额自两便士到几英镑不等，违者罚款或监禁。

同年11月1日，印花税条例正式生效，但消息刚一传出，便遭到殖民地人民的强烈反对。殖民地人民坚持认为征税条例只有通过他们自己的议会通过才能实施。

1765年10月，全殖民地反对印花税法大会在纽约召开。会上通过拒绝向英交纳印花税等14项决议。

随后，抵制印花税条例、抵制英货运动在北美殖民地轰轰烈烈地展开了，英国对殖民地的出口额也因此受到了很大的影响。英国30个城市的商

政治失误篇

人和制造商联合向议会上书请求废除印花税法。

在北美大陆,"自由之子"、"通信委员会"等秘密反英组织相继出现,反英事件、抵制英货、赶走税吏、焚烧税票、武装反抗等此起彼伏,把税吏身上涂满柏油、粘上羽毛、游街示众。11月印花税法生效前,全殖民地税吏都被迫辞职。

抗税活动的消息传到英国国内,让英国政府恐慌不已,他们立即派出军队前往北美殖民地进行镇压。

英国政府的活动使得北美殖民地人民的反英情绪更加强烈,一场争取独立和自由的战火即将在北美大陆上燃烧起来。迫于压力,英国议会于1766年3月18日,最后通过废除印花税条例的决议。废除《印花税法》的消息传到殖民地后,当地居民欣喜若狂,欢声雷动,燃放焰火,鸣钟庆祝。在纽约城,当地居民烤了两头全牛,并向兴高采烈的群众免费供应啤酒和掺水的烈酒以示庆贺。

不过,这并不意味着英国政府放弃控制北美殖民地政治经济、加征更多税收,很快一番新的斗争较量又上演了。

印花税条例废除后,1767年下半年,在英财政大臣唐森德的提议下,英国议会通过四项向殖民地征税的法案,总称《唐森德法》。1767年6月29日通过的《唐森德税法》是其中的第二项,税法规定,自英国输往殖民地的纸张、玻璃、铅、颜料、茶叶等均一律征收进口税。还规定英国关税税吏有权闯入殖民地民宅、货栈、店铺,搜查违禁物品和走私货物。

《唐森德税法》的公布,再次引起北美殖民地人民的抗议。

1768年2月,马萨诸塞议会向各殖民地议会发出巡回信件,重申"无代表即不纳税"的原则,抵制英货运动再次在北美殖民地掀起,并开始用武力反抗英国税吏的搜查与压迫。英国对北美的贸易额再次大幅度下降。

英国政府以解散纽约、马萨诸塞两州议会要挟,但遭到殖民地人民更大的反抗,英国遂于1770年3月被迫废除《唐森德税法》。

由于在反对税法的同时,北美殖民地人民对所有英国货物进行了抵制。在这些货物中,茶叶受到的影响最大。殖民地的人们早已习惯使用荷

人类历史上的重大失误

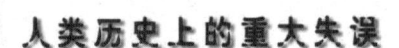

波士顿倾茶事件

兰的走私茶。英国政府起初是把茶叶低价卖给亲英的商人，只征较低的关税。他们坚信殖民地的家庭主妇们会买便宜茶叶，从而利用价格优势把荷兰茶叶挤出市场，这导致北美商人的走私茶损失巨大。

1773年，为倾销东印度公司的积存茶叶，英国政府通过了《救济东印度公司条例》。该条例给予东印度公司到北美殖民地销售积压茶叶的专利权，免缴高额的进口关税，只征收轻微的茶税。

条例还明文规定了禁止殖民地贩卖私茶。东印度公司因此垄断了北美殖民地的茶叶运销，其输入的茶叶价格较私茶便宜50%。

该条例引起北美殖民地人民尤其是北美商人的极大愤怒，北美商人们反对的主要不是茶叶税本身，而是倾销。

同年11月，从英国开出的七艘大型商船浩浩荡荡开往殖民地，其中四艘开往波士顿，三艘分别开往纽约、查理斯顿和费城。船队还未靠岸，报纸评论便充满了火药味。纽约、查理斯顿和费城三地的进口商失去了接货的勇气，数以吨计的茶叶不得不再被运回伦敦。运往波士顿港的四船茶叶命运更惨。12月16日，塞缪尔·亚当斯率领60名"自由之子"，化装成印第安人潜入商船，把船上价值约1.5万英镑的342箱茶叶全部倒入大海。

历史的碎片

政治失误篇

这就是"波士顿倾茶事件"。

事件影响

倾茶事件发生后，引起了英国人的不满，他们开始攻击殖民地的人民，连议会里北美人的朋友也谴责声不断。东印度公司——茶叶的所有者更是强烈要求赔偿损失。盛怒不已的英国政府决定惩治波士顿人。

时间不长，英国关闭了波士顿港口，战船和军队开进了殖民地，军政大权全落入了驻波士顿的英军司令官托马斯·盖奇之手。波士顿笼罩在战争的阴云之下，革命已不可避免。

此时，前新泽西州州长本杰明·富兰克林又发表声明说：被倾倒的茶叶应该被赔偿，还表示愿意用自己的钱来赔。但英国认为这是对殖民政府的挑衅。

本杰明·富兰克林

1774年，英国政府通过一系列强制法案，这些法案虽然是针对马萨诸塞州，但被北美居民称作不可容忍的法案，后来费城等其他港口也陆续响应，终于导致1775年4月的美国独立战争，英政府最终丧失了在北美的统治权。

相关链接

本杰明·富兰克林

本杰明·富兰克林是美国历史上一位优秀的政治家，是美国独立战争的老战士。他参加起草了《独立宣言》和美国宪法，积极主张废除奴隶制度，深受美国人民的崇敬。他是美国第一位驻外大使（法国），所以在世界上也享有较高的声誉。他四次当选宾夕法尼亚州州长，制定了新闻传播

历史的碎片

法。他创立了美国民主党、近代的邮信制度和议员的选举法。

除此之外，富兰克林还是一位科学家、发明家。为了对电进行探索，他曾经做过著名的"风筝实验"，在电学上成就显著；创造的许多专用名词如正电、负电、导电体、电池、充电、放电等成为世界通用的词汇，后人在他研究的基础上发现了电荷守恒定律。他最先提出了避雷针的设想，由此而制造的避雷针使人类避免了雷击灾难，破除了人们对雷电的迷信。

在数学上，他创造了8次和16次幻方，这两个幻方性质特殊，变化复杂，至今仍为学者称道。

热学方面，他改良了取暖的炉子，能够节省3/4的燃料。

光学方面，他发明了老年人用的双焦距眼镜，既能看清楚近处又能看清楚远处的事物。

他发现了墨西哥湾的海流，最先绘制暴风雨推移图；发现了人们呼出气体的有害性；最先解释清楚北极光；设计了最早的游泳眼镜和蛙蹼等。

斯科特诉桑弗特案——引发美国内战的司法判决

【时　间】1857年

【决策人】美国联邦最高法院、坦尼法官

【失误简述】

美国女作家斯托夫人于1851年出版的名著《汤姆叔叔的小屋》，描述了美国南方黑奴的苦难，揭露了南方奴隶制的野蛮，激发了美国北方废除奴隶制的强大呼声，林肯总统称斯托夫人为"酿成一场大战的小妇人"。实际上，酿成一场大战的并非这位小妇人，而是1857年斯科特诉桑弗特这个司法大案。

在该案中，美国最高法院裁决黑奴不是美国公民，并以违宪为由，废除了旨在限制奴隶制扩张的1820年《密苏里妥协案》。

这个判决不仅从宪法高度维护了奴隶制，而且激化了本来已尖锐对立

政治失误篇

的南北矛盾，堵塞了以妥协手段解决南方奴隶制问题的道路，对南北战争的爆发起到了推波助澜的作用。斯科特案不仅被美国学者列为美国宪政史上最糟糕的判例，而且被认为是引发南北战争的一个重要的原因。

事件背景

1789年美国宪法正式生效，这是人类历史上第一部成文宪法，被后人称颂为"上帝作坊的神来之笔"和"人类大脑所能作出的最佳政治设计"。但是，这部宪法却有一个致命硬伤——承认奴隶制。

不过，在这部宪法中找不到"奴隶"或"奴隶制"这样的词汇，因为制宪者使用了诸如"劳役或劳动之当事人"、"所有其他人口"这类曲笔。

在北美大陆，与美国立宪建国的历史相比，奴隶制的历史更要早，其根深蒂固、势力强大。欧洲移民远涉重洋来到新大陆，主要动机就是为了追求自由、土地和财富。北美南部地区气候温暖，土地肥沃，河流流速缓慢，适于大面积灌溉农田，尤其适合种植棉花和烟草。为了追求规模经济效益，一些富有的种植园主建立了很多规模巨大的庄园，并大量使用从非洲贩卖过来的黑奴充当廉价劳动力，久而久之，南方奴隶制形成了。

在南方奴隶制形成的同时，反对奴隶制的呼声也随之在北美大地响起。早期来到北美大陆的移民中，有很多人是逃避专制迫害的清教徒，这些人从一开始就激烈地反对和排斥奴隶制。

在美国独立战争期间，南方种植园主出钱出力，为建立

华盛顿

历史的碎片 29

人类历史上的重大失误

美利坚合众国立下了很大功劳。开国元勋华盛顿就拥有大量黑奴。华盛顿麾下很多著名的将领也都来自南方蓄奴州。在美国建国后的最早五位美国总统中,有四位来自南方蓄奴州弗吉尼亚州,故有"弗吉尼亚王朝"的戏言。由总统任命的最高法院大法官,自然也以来自蓄奴州的人选占据多数。这些人对于从宪法高度维护私有财产极为重视。依照当时很多州的法律,奴隶是殖民地居民财产的一部分,而财产是不能被政府任意剥夺的。

早在1776年,杰斐逊起草《独立宣言》第一稿时,曾把支持奴隶贸易、将奴隶制强加于北美殖民地列为英王的罪状之一,但后来被删除了,原因就在于南方州奴隶主的反对。

在费城制宪会议期间,北方州的一些立宪代表虽然反对奴隶制,但他们也深知,当前面临的最重要任务,是建立一个既有足够的权威维护各州共同利益,同时又不损害各州主权和公民权利的联邦政府,废除奴隶制可暂时忽略。

所以,北方州作出妥协,承认了"一国两制"的局面,换取南方蓄奴州对立宪的支持,同时南方州也作出了一定的让步。

1789年宪法中直接涉及奴隶或奴隶制的条款有5条,间接涉及的条款则有十余项之多,其中最重要的条款有3项,即"五分之三条款"、"奴隶贸易条款"和"逃奴条款"。

1789年,美国宪法确立了财产权高于人权、州权高于人权、联邦无权干预奴隶制等一系列原则。这些原则不仅使奴隶制在美国更加难以废除,而且还使奴隶制得到了宪法的保护。宪法生效时,联邦内13个州中,7个州是已经宣布或即将宣布废除奴隶制的自由州,另外6个州为蓄奴州。

美国独立之后,不断向四周扩张疆土。1787年,通过与英国谈判得到了位于五大湖区的西北领地,1803年从法国购入路易斯安那领地,接着,又通过战争和强买从墨西哥夺得西南领地(今得克萨斯、新墨西哥、亚利桑那、加利福尼亚州一带),在这些领地上新州逐步建立起来。

在美国领土逐渐扩大、新洲逐步建立起来的时候,奴隶制问题开始显露出来,在新开拓的联邦领地和新建的州中是否允许存在奴隶制的问题上,

南北双方闹得水火不容、剑拔弩张。由于宪法有关奴隶制的规定模糊不清，使得联邦政府和国会头疼不已。

反对奴隶制的阵营认为，宪法中有关奴隶制的妥协条款只是临时措施，制宪者的最终目标是消灭奴隶制，所以，对于奴隶制首先应该先将其控制、隔离起来，才能最终将其消灭。基于这一考虑，1789年，联邦国会通过了1787年邦联国会制定的《西北领地法令》，规定在西北领地上新建的州不得实行奴隶制，但允许奴隶主到此地区追捕逃奴。

支持奴隶制的阵营认为，制宪者承认了奴隶制的合法性，宪法中的妥协条款是为了保障奴隶制的发展。建国立宪后，南方移民为开拓疆土立下汗马功劳，从土著印第安人和墨西哥手中抢夺了大片土地。在这片广阔天地里，如果只允许北方资本家创业发财，为所欲为，却不允许南方奴隶主带着奴隶和财产安家立业，拓荒致富，显然，于情于理都是极不公正的。这样，一些新州也允许实行奴隶制。

从1791年到1819年，一共有9个新州加入联邦，其中4个州以自由州身份加入，5个州以蓄奴州身份加入。1819年时，联邦内一共有22个州，自由州和蓄奴州同为11个州，双方在参议院的力量势均力敌。

但是，在1819年，这一平衡遭到了挑战。2月，位于路易斯安那领地的密苏里州要求以蓄奴州身份加入联邦时，南北双方发生了严重争执。

在当时的国会力量对比中，北方因人口增长较快，已经牢固地占据了众议院多数席位。这样，南北双方在参议院保持同等席位，便成为维持南北力量均衡的唯一有效机制，无论密苏里州以何种身份加入联邦，都会打破这个均衡。

根据美国的宪法，每一个州在参议院拥有两个固定席位，这使得南方奴隶制陷入了一种不扩张即灭亡的宪政困境，而北方既无法容忍奴隶制无限制地扩张，也绝不会听任蓄奴州占据参议院多数席位。

好在当时原属马萨诸塞州的缅因地区要求单独加入联邦，这为解决宪政危机提供了转机。

1820年，为保持南北阵营在参议院投票权的平衡，国会同意接受缅因

人类历史上的重大失误

以自由州身份加入联邦，接受密苏里州以蓄奴州身份加入联邦，南北再次达成妥协。

为了防止再次发生类似事件，1820年，国会通过了《密苏里妥协案》。在该法案中，国会设置一条界线，对剩余的尚待建立新州的路易斯安那领地进行划分。此线以南地区允许奴隶制，此线以北地区（密苏里州除外）禁止奴隶制，但允许逃奴法施行。

《密苏里妥协案》的通过，使得南北双方围绕路易斯安那领地产生的冲突缓解了，但并没有从根本上解决实质性问题。随着联邦领土的日益扩大和准州不停地申请加入联邦，南北之间的矛盾冲突一波未平，一波又起，仇恨和积怨日益加深。

虽然，联邦行政当局和国会两院对这种矛盾也心知肚明，但也从未拿出解决矛盾的最终方案。在此历史背景之下，联邦最高法院1856年至1857年期间对斯科特诉桑弗特一案的审理显得格外引人注目。

事件经过

斯科特是一个黑奴，1833年，主人将其卖给蓄奴州密苏里州的一位军医艾默森。1834年至1838年期间，斯科特跟随艾默森先后在自由州伊利诺伊州和威斯康星自由联邦领地（后来建成威斯康星州和明尼苏达州）的军营里居住过4年。1838年，斯科特随从主人重新回到密苏里州。1843年艾默森去世后，根据其遗嘱，斯科特成为艾默森夫人的财产。

1846年，斯科特得到了白人废奴团体的帮助，并向密苏里州地方法院提出申诉，要求获得人身自由。

斯科特的律师声称，斯科特曾在伊利诺伊州和威斯康星联邦领地居住过4年，因两地均禁止奴隶制，所以他在两地居住期间的身份应是自由人而非奴隶。根据州际之间相互尊重州法律的原则以及密苏里州"一旦自由，永远自由"的州法，获得自由人身份之后的斯科特，即使重新回到蓄奴州，其自由人身份也不应被剥夺。

1856年2月，经过漫长而艰辛的斯科特案最终被上诉到最高法院。在

此期间，由于艾默森夫人的再婚，斯科特在法律上被转让给艾默森夫人的弟弟桑弗特，所以此案史称"斯科特诉桑弗特案"。

1857年3月，联邦最高法院以五票之差将斯科特的上诉驳回。主审此案的是年逾80的首席大法官坦尼，他亲自执笔撰写法院判决书，从分析制宪者的原始意图入手，对最高法院多数派的立场进行了详尽的解释和辩护。

斯科特案主要涉及三个重大宪政问题：

第一，斯科特是否可以被视为美国公民，并具备在联邦法院申诉的资格和权利；

第二，斯科特从蓄奴州随主人来到自由州或自由联邦领地短暂居住后，是否能使他自动获得人身自由；

第三，国会是否有权力在联邦领地内禁止奴隶制。

坦尼法官是这样回答第一个问题的，斯科特不是美国公民。坦尼的法律根据是，在立宪建国之前，只有州公民，没有美国公民。当联邦宪法正式生效时，联邦管辖下的各州公民自动成为美国公民。但是，由于黑人只是奴隶主的财产，在宪法生效时不具有州公民资格，所以他们没有自动归化为美国公民。斯科特不具备美国公民身份，不能享有美国公民受联邦宪法保障的公民权利，不具备在联邦法院诉讼的资格。

之后，坦尼法官还进一步加以解释，黑人的美国公民身份和宪法权利问题，根本就没有被制宪者放在心上。制宪者从来就没有把被视为财产的黑人包括在宪法中的"人民"（people）、"公民"（citizens）和《独立宣言》中"人人生而平等"的"人人"（all people）等概念之中，"他们非常清楚地理解他们所使用的语言的含义，也清楚地知道其他人将会如何理解这种含义。他们知道，任何文明世界都不会将黑人种族包括在内，也知道黑人种族将根据公众意见总是被排除在文明政府和国家之外，命中注定要成为奴隶"。

应当给予承认的是，坦尼法官对制宪者忽视黑人公民权利的这番解释，基本上合乎历史事实。如果坦尼大法官在判决黑人不是美国公民之后终止审理这个案子，他有可能成为历史上著名的大法官。遗憾的是，一意孤行

的坦尼一直走了下去，直到陷入绝境。

对于第二个问题，坦尼大法官明确无误地裁定，斯科特从蓄奴州到了自由州或自由联邦领地短暂居住过后，不能自动获得人身自由。

斯科特的律师认为，斯科特短暂居住过的伊利诺伊州是根据禁止蓄奴的《西北土地法令》新建的自由州，这是斯科特应自动获得自由人身份的重要法律依据。

针对这一问题，坦尼在判决中认为，1787年，西北土地归属合众国管辖时，邦联政府徒有虚名，联邦政府尚未成立，因此，西北土地的真正拥有者是13个原始州。联邦政府成立后通过的联邦法令，照理不得损害13个原始州人民的利益。如果黑奴斯科特随主人在伊利诺伊州短暂居住就使他自动拥有自由人身份，必然损害了蓄奴州人民的利益，显然是不公正的，法律也不允许这么做。

坦尼进一步认为，奴隶制和奴隶的人身自由问题，是制宪者绝对和无条件地保留给各州管辖的权利，联邦无权过问。因此，斯科特的命运只能由州法院定夺。然而，这种州权至上的观点，却不可避免地与1820年《密苏里妥协案》产生了冲突。因为，斯科特短暂居住过的威斯康星联邦领地，原是1803年路易斯安那购买领地的一部分，因其位于密苏里妥协线以北，所以成为一块禁止奴隶制的联邦自由领地。

斯科特的律师认为，这是斯科特应自动获得自由人身份的另一个重要法律依据。这样，就自然地引申出《密苏里妥协案》的合宪性问题。

对此，在判决书中，坦尼法官这样裁定，根据宪法，国会无权在联邦领地禁止奴隶制，1820年《密苏里妥协案》是一项违宪法案。

坦尼论证，联邦政府是各州人民的代表，在制定对联邦领地的管理法规时，国会不得任意剥夺任何美国公民的合法权利。

坦尼大法官的判决，如果单从法律上来说是无懈可击的。奴隶制虽然是南方从历史继承下来的一种罪恶制度，但这种制度在立宪建国时得到了宪法的承认和保护。

麦迪逊（被称为美国宪法之父）在宪法文献《联邦党人文集》第10

篇明确指出，宪法的第一目的就是保护财产权利，就是保障私有财产神圣不可侵犯。因此，如果仅仅因奴隶主携带黑奴在联邦自由领地短暂居住，就被自动剥夺拥有"财产"的权利，无疑是极不合理的。

但是，如果从政治角度看，坦尼法官的判决荒唐得令人难以置信，它宣告"一国两制"土崩瓦解，奴隶制向联邦领地和新州蔓延扩张名正言顺。

这个判决，一方面使奴隶制得到了法律的保护，堵塞了以法律手段解决南方奴隶制问题的道路，坚定了南方蓄奴州依法捍卫奴隶制的决心，另一方面，使1861年执政的林肯总统处于"违法乱纪"的被动地位，使南北双方更加对立。

后来，美国学者不仅将该案列为美国宪政史上最糟糕的判例，还认为这是引发南北战争重要的原因之一。

事件影响

斯科特案判决后，其导致的严重后果是联邦最高法院威信扫地。

美国宪政史学者麦克罗斯基写道："暴风骤雨般的诅咒突然指向最高法院的法官们，他们似乎震惊了。他们远远未能熄灭奴隶制引起的争论，反而重新燃起了它的烈焰，并严重威胁到联邦司法部门自身的安全地位。"

麦克罗斯基还说："斯科特案判决的失策，使最高法院丧失了北方的忠诚。在其历史上，最高法院第一次几乎失去了所有朋友，因为南方好景不长的友谊也只提供了极为冷漠的安慰。"

在美国，联邦最高法院的裁决即是最终裁决，即使总统和国会也无法改变。唯一可行的办法，是经历极为困难的宪法程序，通过宪法修正案的方式否决最高法院的判决。

可是在当时，参议院内的南北阵营势均力敌，修正案根本通不过参议院这一关。此外，即使参议院通过了，仍需要四分之三的州在规定时间内批准方才有效。

于是，北方各州法院开始公开抵制联邦最高法院的判决，拒不服从联

邦命令，使联邦司法部门陷入半瘫痪状态。执法部门也睁一只眼闭一只眼，不再在北方州严格执行逃奴追缉法，本来已尖锐对立的南北矛盾被大大地激化了。

司法权威的流失和执法部门有法不依的现象，堵塞了解决奴隶制问题的和平妥协之道。自立宪建国以来，美国第一次在较大范围内出现了有法律却无人遵循、有宪法却无宪政运作的混乱局面，政治斗争开始走向无序化。

在斯科特案判决的阴影下，北方共和党人痛感南方奴隶制的威胁迫在眉睫，他们积极行动起来，极力争取1860年总统大选的胜利。

1858年6月，林肯在接受伊利诺伊州共和党参议员候选人提名时，发表了《分裂之屋不能久长》的著名演说。其中，对斯科特案判决的指责几乎占了一半。

同年8月至10月，林肯与民主党提名的州参议员候选人道格拉斯引起了人们的广泛关注，就联邦领地的奴隶制问题展开了一系列辩论，林肯的声望由此大振。

1860年，林肯成为共和党总统候选人。

在1860年总统大选中，普选票总数约为460万张，林肯得票不到200万张，显然对他将来的政治道路极为不利。

另外，由于选举团制度的影响，1860年选举成为美国历史上最具地区性色彩的一次选举。林肯在南方州只得到0.02%的普选票，这一投票结果可以说是南方州宣布独立的信号。

林肯当选后，为了维护自身的利

林　肯

36　历史的碎片

益，南方政客开始公然抵制民主选举的结果，南部七个州宣布退出联邦。不久又有四个州相继加入南方邦联。

但是，南方州想错了，他们低估了林肯维护联邦完整的决心，甚至不惜通过战争来维护。

1861年3月，林肯发表总统就职演说时表示："我无意直接或间接地在蓄奴州干涉奴隶制，我相信我没有合法的权力，而且我也不想那样做。"

但是，对于南部退出联邦的举动，林肯表示坚决反对，他强调："从宪法和法律角度看，联邦是不可分解的"。在演说中，林肯还间接地批评了最高法院对斯科特案的判决，他指出："如果在事关全体美国人民的至关重要的问题上，政府的政策受最高法院判决的永久束缚，那么，这些涉及个人争议的普通案件的司法判决一经作出，人民将停止成为自己的主人，实际上把自己政府的权力拱手交给这个显赫的法院。"

面对南北分裂的现实，林肯最终选择了用战争作为解决手段。实际上，联邦宪法对各州能否退出联邦这个问题模糊不清，北方用兵的战争行为并没有坚实的宪法基础。可是，如果联邦政府坐视一州脱离联邦，今后便无法阻止另一州同样行动；如果南方十一州可以退出联邦，那么剩下的北方各州仍然可能继续分裂。北美大陆最后可能会出现一群相互妒忌、自相残杀的小国。所以，除了维护统一、反击分裂之外，林肯没有第二个选择。

南北战争终于打响了。战争期间，1864年10月，87岁高龄的坦尼大法官在任内去世，晚境颇为凄凉。由于对斯科特案判决余怒未消，联邦政府行政部门的高级官员拒绝出席坦尼的葬礼。

实际上，北方共和党人一直盼着坦尼早日死去，这样才能让大法官的职位空出来。而这一天终于来了，1864年12月，林肯任命内阁财政部长、共和党人蔡斯出任最高法院首席大法官。

南北战争结束后，为了从法律上废除奴隶制，1865年12月，联邦国会和各州批准了宪法第13条修正案。它规定：在合众国内受合众国管辖的任何地方，奴隶制和强制劳役都不得存在。这回在修正案中，修宪者没有隐晦，清晰明确地使用了"奴隶制"（slavery）这个英文词汇，与当年制

宪者在奴隶制问题上模棱两可、含糊不清的遣词用语风格大相径庭。

美国最高法院历史上斯科特案无疑是一场噩梦。1939年出任大法官的哈佛法学院教授法兰克福特曾回忆说,当年他和其他大法官心照不宣,"从来不提斯科特案判决这码事,就像那些儿子被绞死的家庭从来不提绳索和绞架一样"。

直到20世纪60年代后,这种家丑不可外扬的情况才有所改变。如今,当来自全美和世界各地的旅游者参观美国最高法院时,通常是先观看一部长度约10分钟左右的录像短片,介绍最高法院历史,其中特别提到1857年斯科特案判决的重大失误,自扬家丑,警告世人。

斯科特案告诫后人,最高法院大法官并非圣贤,而是有着不同政治倾向和利益背景的人,他们大多是由历届总统从自己党派挑选出来的。大法官不仅会犯错误,而且由于特殊的地位,其错误所造成的影响往往是致命的。

两百多年以来,人们一直对马歇尔大法官1803年对马伯里诉麦迪逊案的经典性判决赞不绝口,津津乐道。但历史证明,制度设计和创新并不是万能的,司法审查制度实际上是一柄锋利的双刃剑。如果最高法院能够高瞻远瞩,与时俱进,顺应历史潮流,他们的司法判决通常能起到促进社会进步的作用;反之,如果最高法院老朽昏聩,抱残守缺,逆时代潮流而动,他们的判决有可能引发巨大的政治动乱和社会灾难。

由于斯科特案的沉痛教训,此后一百多年来,在介入重大政治问题时,最高法院一直瞻前顾后,谨小慎微,如履薄冰。对于这种处境,霍姆斯大法官曾形象地比喻说,最高法院表面上风平浪静,其实那只是处于风暴眼之中的一种暂时的、虚假的平静。

实际上,最高法院的判决稍有闪失,就可能引发强烈的政治风暴。休斯大法官任职最高法院前,1907年在纽约州的一次演讲中说:"我们生活在宪法之下,但这部宪法是什么意思,却是法官们说了算。"

可是,当休斯担任大法官并体会到"法官们说了算"的巨大责任和沉重压力后,他叫苦不迭地说:"我是多么讨厌写判决书啊!我宁愿出庭辩

护,让别人去承担作出司法裁决的责任吧!"

相关链接

林 肯

亚伯拉罕·林肯,美国第16任总统。1809年2月12日出生在肯塔基州一个清贫的农民家庭。

由于家境贫穷,林肯受教育程度不高。为了维持家计,少年时的林肯当过俄亥俄河上的摆渡工、种植园的工人、店员和木工。

18岁那年,身材高大的林肯为一个船主雇用,与人同乘一条平底驳船顺俄亥俄河而下,航行千里到达奥尔良。在25岁以前,林肯没有固定的职业,四处谋生。

成年后,林肯成为一名当地土地测绘员,因精通测量和计算,常被人们请去解决地界纠纷。在艰苦的劳作之余,林肯始终是一个热爱读书的青年,他夜读的灯火总要闪烁到很晚很晚。在青年时代,林肯通读了莎士比亚的全部著作,读了《美国历史》,还读了许多历史和文学书籍。他通过自学使自己成为一个博学而充满智慧的人。在一场政治集会上,他第一次发表了政治演说。由于抨击黑奴制,提出一些有利于公众事业的建议,林肯在公众中有了影响,林肯通过自学成为一名律师。

1834年8月,25岁的林肯当选为州议员,开始了自己的政治生涯,不久又成为州议会辉格党领袖。同时管理乡间邮政所,也从事土地测量,并在友人的帮助下钻研法律。几年后,他成为一名律师,并且帮助了他死去的朋友的儿子。

积累了州议员的经验之后,1846年,林肯当选为美国众议员。

1847年,林肯作为辉格党的代表,参加了国会议员的竞选,获得了成功,第一次来到首都华盛顿。在此前后,关于奴隶制度的争论,成了美国政治生活中的大事。在这场争论中,林肯逐渐成为反对蓄奴主义者。

1850年,美国的奴隶主势力大增,林肯退出国会,继续当律师。

1860年,林肯成为共和党的总统候选人。11月,选举揭晓,以200万

票当选为美国第 16 任总统，但在奴隶主控制的南部 10 个州，他没有得到 1 张选票。

1865 年 4 月 14 日晚 10 时 15 分，林肯在华盛顿的福特剧院遇刺，次日身亡。5 月 4 日，林肯葬于橡树岭公墓。林肯领导美国人民维护了国家统一，废除了奴隶制，促进了美国历史的发展，一百多年来，受到美国人民的尊敬。由于林肯在美国历史上所起的进步作用，人们称赞他为"新时代国家统治者的楷模"。

《凡尔赛和约》——第二次世界大战爆发的祸根

【时　间】1919 年

【决策人】美国总统威尔逊、英国首相劳合·乔治、法国总理克里孟梭、意大利首相奥兰多、日本前首相西园寺公望

【失误简述】

第一次世界大战的结束和俄国十月革命的胜利，使国际关系的格局发生了重大变化。帝国主义列强的争霸斗争从战场转移到谈判桌。但是战胜国与战败国的对立，资本主义和社会主义两种体系的对立，以及战胜国之间实力对比发生的种种变化，使新一轮的争夺同样复杂而激烈。

《凡尔赛和约》的签订，标志着一战的结束，但由于其分赃不均，以及对战败国的苛刻，为第二次世界大战的爆发埋下了伏笔。

事件背景

1918 年 11 月，持续了 4 年多的第一次世界大战终于落下帷幕。但是，世界并没有因此而平静下来，战后的许多问题还等待处理。而其中最紧要的，还是如何稳定世界秩序，战胜国和战败国之间缔结和约。

1919 年 1 月 18 日，巴黎和会在凡尔赛宫正式开幕。在此之前，美、英、法、意、日五大战胜国已经举行了非正式会谈，为控制会议作了安排。

政治失误篇

在这次和会中，共有32个国家实际出席，美国总统威尔逊、英国首相劳合·乔治、法国总理克里孟梭、意大利首相奥兰多、日本前首相、元老西园寺公望都亲率代表团出席和会，可谓盛况空前。但是，苏俄和战败国德国、奥匈帝国、土耳其和保加利亚却被排斥于和会之外。

另外，与会国的代表权也很不平等。美、英、法、意、日五国各有5名全权代表，可以出席一切会议，其他国家只有1至3名全权代表，只能出席与他们有关的会议。

和会的组织机构更是体现出了强权政治的意味。最高委员会为和会的决策机构，最初由五大国的政府首脑和外长组成，因而也叫"十人会议"，后来又缩小为由美、英、法、意四国首脑组成，被称为"四人会议"，而实际起操纵作用的是由威尔逊、劳合·乔治和克里孟梭组成的"三巨头"会议，他们有权决定和会的一切重大问题。五大国外长则另组"五人会议"以协助决策，解决次要问题。

另外，和会还设有若干专门委员会，它们虽由有关国家的代表组成，讨论和审议某些专门问题，但同样要受到大国的支配。至于由所有代表参加的全体会议，其作用不过是举手通过最高委员会已作出的决定。

美国总统威尔逊

事件经过

和会一开始，激烈的争吵声不绝于耳，为了达到目的，一些国家甚至以退会相威胁。争论的主要问题包括：

会议程序问题。美国坚持要求先解决国际联盟问题，再言其他。而英、法却担心一旦建立了由美国控制的国际联盟，美国就将支配对其他问题的

历史的碎片 41

解决，使自己的要求得不到满足。如何通过协约来巩固战胜国所获得的成果是英国、法国最关心的问题。因此英国提出先解决德、土殖民地的瓜分问题，法国则要求先制裁战争的罪魁祸首，肢解德国。面对英法的反对，美国只好退让，"十人会议"决定将国际联盟问题交由一个以威尔逊为主席的专门委员会去研究。

对德和约问题。这是和会讨论的中心问题。在对德国的领土处理上，法国主张"肢解"德国，但由于英国及美国的反动而被迫妥协。

在战争赔款方面，法国提出了巨额赔款方案，但又遭到了英国和美国的反对。在争论无果的情况下，会议最终决定将该问题交由一个由克里孟梭主持的专门委员会去讨论。

在裁减和限制德国军备方面，法国主张彻底摧毁德国军备，英国则仅要求摧毁德国海军，美国却几乎不想削减德国的军事实力，最后在各方的退让下，才使问题得以解决。

在对待德国殖民地问题上，英、日主张直接兼并，美国则坚持以托管或委任统治的方式解决，最后美国的意见占了上风。

波兰问题。法国要求把上西里西亚和但泽全部划归波兰，建立一个大波兰，但由于英国和美国的反对而未能实现。

1919年6月28日，各国代表签订《凡尔赛和约》

阜姆问题。意大利一直想把阜姆划到自己版图之下，但在英国、法国、美国的一致反对下才作罢。

中国山东问题。中国作为战胜国，当然有权收回德国在山东侵占的一切非法权益。但是在和会上，日本提出了接管德国在山东权益的无理要求。这一无理要求却得到了英国、法国、意大利的支持，美国最后也不得不让步。日本的欲望得到了满足。

虽然为了各自的利益，列强们在和会上争争吵吵，但有一点却态度一致，就是在反对苏维埃俄国方面。由于俄国革命的巨大阴影始终隐隐地笼罩着和会，因此尽管会议中没有苏俄代表，俄国问题也未见诸和会议程，但和会却决定对苏俄实行经济封锁，保留德国东线部队，建立由波兰、波罗的海三国和芬兰组成的所谓"防疫地带"，还批准了反苏俄武装干涉计划。

面对需要共同对付的日益高涨的革命形势，列强们在争吵了几个月后，主要战胜国终于达成了协议，最后拟定了对德和约。

1919年4月30日，德国代表团被招来巴黎，5月7日才被允许进入和会，从克里孟梭手中接过和约文本。德国代表团试图对和约的条件作有利于德国的修改，但遭拒绝，最终被迫无条件接受和约。

6月28日，《协约及参战各国对德和约》在凡尔赛宫镜厅正式签订，这也就是《凡尔赛和约》。

《凡尔赛和约》共15部分，包括440个条款和一项议定书，第一部分为国际联盟盟约。

和约的主要内容是：

第一，德国及其各盟国应承担战争罪责。

第二，重划德国疆界。

西部：莫列斯纳、欧本和马尔梅迪划归比利时。阿尔萨斯—洛林重归法国；萨尔煤矿由法国开采，其行政权由国际联盟代管15年，期满后通过公民投票决定其归属（1935年公民投票以压倒多数决定归属德国）；莱茵河西岸的德国领土由协约国占领15年，东岸50公里内德国不得设防。

南部：德国承认奥地利独立，德奥永远不得合并。德国承认捷克斯洛伐克在协约国规定的疆界内完全独立，并将西里西亚南部的古尔琴地区划归该国。

国首相劳合·乔治、意大利总理奥兰多、法国总理克里孟梭和美国总统威尔逊

东部：德国承认波兰独立。波兰从德国得到西普鲁士和波兹南的绝大部分，东普鲁士的索尔道县和中西里西亚的若干小块领土，以及穿过西普鲁士的以波兰居民为主的波莫热，即所谓波兰走廊的狭窄出海口，该走廊把东普鲁士和德国其余部分完全隔开了，但泽市被宣布为国际联盟保护下的自由市，其港口由波兰海关管理，波兰有权处理该市对外关系和保护其侨居公民，并保证波兰人自由进入该市。德国放弃默麦尔地区，该地区暂由协约国占领，1923年合并于立陶宛。

北部：在德国与丹麦之间的石勒苏益格地区实行公民投票，以决定其归属（1920年2~3月的投票结果，该地区北部重归丹麦，南部仍属德国）。

《凡尔赛和约》对德国疆界的这种划定，使德国在欧陆丧失了13.5%的领土和10%的人口。

第三，瓜分德国殖民地。条约规定剥夺德国全部海外殖民地，由主要战胜国以委任统治形式予以瓜分。

根据国际联盟盟约第22条的委任统治文件，太平洋的德属新几内亚和

赤道以南除德属萨摩亚和那卢以外的群岛归属澳大利亚；赤道以北原德属马绍尔群岛、加罗林群岛和马利亚纳群岛为日本所得；那卢岛名义上委托于英国，实由澳大利亚统治；萨摩亚分给新西兰；德属西南非洲交给南非联邦；多哥和喀麦隆由英、法共同瓜分；德属东非（坦噶尼喀）归属英国；乌干达—布隆迪地区划归比利时。

此外，和会还不顾中国的反对与抗议，把德国在山东的一切非法权益和胶州湾租借地全部移交给日本，中国代表拒绝在条约上签字。

第四，限制德国军备。

规定陆军不得超过10万人，仅用于维持国内秩序和边境巡逻，其中军官不得超过4000人；解散总参谋部并不得重新成立；禁止生产和输入坦克、装甲车等重型武器；废除普遍义务兵役制；德国应拆除莱茵河以东50公里内的工事，但南部和东部边界要塞工程应照现状予以保存，德军从所占领的各国撤回，但秘密附件规定在东线的德国占领军听候协约国特别部署再行调动。

海军限定为战斗舰和轻巡洋舰各6艘，驱逐舰和鱼雷艇各12艘，不得拥有主力舰和潜艇；海军兵员不得超过1.5万人，其中军官不得超过1500人；在德国港口以外的德国军舰一律交协约国销毁。

德国不得拥有陆海军航空兵力。协约国设立专门委员会监督上述军事条款的实行。

第五，赔款与经济条款。

和会未能对赔款总额达成一致协议，仅规定由赔偿委员会于1921年5月1日前确定总额；在此之前德国应偿付与200亿金马克价值相等之物，并承担占领军的一切费用。

经济条款规定，德国关税不得高于他国，战胜国对德国输出入货物不受限制；德境内几条主要河流为国际河流，基尔运河对外国军舰与商船开放。

巴黎和会结束后，英、法、日等国追求的主要目标都已达到。但对美国来说，尽管"十四点"中的某些具体内容在条约中得到了体现，但它攫

取世界霸权的计划却遭到了失败。因此美国参议院拒绝批准《凡尔赛和约》。1921年8月25日，美国与德国单独签订了和约。

事件影响

《凡尔赛和约》签订后，欧洲、近东和非洲建立了战后资本主义世界的新秩序形成。但是，和约并不是完美的，许多的矛盾包含在其中，该体系的最终崩溃也在必然之中。

首先，对战败国来说，这一体系实在过于苛刻，其掠夺性骇人听闻，因此，必然导致战败国与战胜国之间矛盾的加剧。虽然，德国代表在条约上签字，但是他们从未承认自己是战败国。随着国力的恢复与增强，德国必然会从要求修改条约到不履行条约，直至撕毁条约。

实际上，在巴黎和会期间，和约的缔造者之一劳合·乔治就预感到这种危险。他在1919年3月25日的《枫丹白露备忘录》中写道："你们可以夺走德国的殖民地，将它的军队裁减到只够建立一支警察部队的数量，将它的海军降到五等国家的水平。这一切终归毫无意义，如果德国认为1919年的和约不公平，那么它将会找到对战胜国进行报复的手段。"

和会刚一结束，"打倒《凡尔赛和约》"的口号便在德国响起。战后民族主义和复仇主义情绪在德国的蔓延，是纳粹党得以上台的重要原因之一。

其次，尽管在处理领土问题上，战胜国一再标榜以民族自决为原则，但实际上主要是根据掠夺战败国和他们自己的需要来实行这一原则的。因此，虽然一部分欧洲国家的领土基本上在民族的基础上重新加以划定，但在另一些国家，如捷克斯洛伐克、奥地利、波兰、匈牙利、南斯拉夫等国却产生了诸多新的民族矛盾，造成了中欧的巴尔干化，成为以后大国为打破凡尔赛体系而挑起新的国际争端的温床。

再次，列强虽慑于民族解放斗争的声势，在瓜分殖民地方面采取了委任统治的形式，但并未改变殖民统治的实质。战后，无产阶级革命和殖民地半殖民地人民的民族解放运动有力地冲击着凡尔赛体系的基础。

最后，凡尔赛体系是战胜国妥协分赃的产物，它没有也不可能消除他

们之间的种种矛盾。列强继续争夺霸权的斗争是削弱凡尔赛体系的一个重要因素。虽然，该体系没有美国的一席之地，但是，在欧洲事务中，美国发挥的作用却不容忽视，而且与英国、日本开始争夺远东及太平洋地区的霸权。

相关链接

巴黎和会与五四运动

第一次世界大战的战胜国在巴黎召开会议，中国是战胜国之一，派出了陆征祥、王正廷和顾维钧等五人组成的代表团出席巴黎和会。在全国人民舆论的压力下，中国代表团向和会提出了几项合情合理的要求：第一，取消外国在中国的某些特权，即废除势力范围，撤退外国军警，裁退外国邮政电报机关，撤销领事裁判权，归还租借地，归还租界，关税自主。第二，取消日本帝国主义同袁世凯订立的企图灭亡中国的"二十一条"。第三，归还在第一次世界大战期间被日本抢占的德国在山东侵占的各项权益，将胶州湾租界地、胶济铁路及其他权益直接归还中国。

但是，操纵巴黎和会的列强以种种荒谬理由拒绝中国提出的维护国家领土主权的正义要求，原先被德国在山东强占的领土、铁路、矿山及其他一切特权，都归日本继承。

巴黎和会上中国外交失败的消息传到国内，群情激愤，久积在中国人民胸中的怒火像火山一样爆发出来了。

1919年5月4日下午，北京大学等13所大专学校3000多人在天安门前集会，随后举行示威游行。他们高呼"还我青岛"、"收回山东主权"、"取消二十一条"、"外争国权，内惩国贼"等口号，要求拒绝在和约上签字，惩办亲日派官僚曹汝霖（签订"二十一"条时的外交次长，这时任交通总长）、陆宗舆（签订"二十一条"时任驻日公使，这时任币制局总裁）和章宗祥（这时任驻日公使）。学生们的游行队伍由广场出发，出中华门，向东交民巷使馆区走去。来到赵家楼胡同曹汝霖住宅前时，愤怒的学生们冲入曹宅，痛打了正在曹汝霖家的章宗祥，放火点燃曹汝霖的住宅。

北洋政府出动武装军警镇压。为抗议反动政府的镇压和营救被捕学生，北京各大专学校的学生从5月5日起进行总罢课。社会各界也纷纷举行罢市、罢工以支持学生们的爱国行动。

北京政府对学生爱国行动的野蛮镇压，激起了全国人民的极大愤慨，全国兴起罢工、罢课风潮。五四爱国运动已突破了知识分子的范围，发展成为以工人为主力、有小资产阶级和资产阶级参加的全国范围的群众爱国运动。

在全国人民的强大压力下，北京政府被迫于6月7日释放被捕学生。10日，罢免亲日派卖国贼曹汝霖、陆宗舆、章宗祥三人的职务。28日，中国代表团没有出席巴黎和会的和约签字仪式。至此，五四运动所提出的直接斗争目标基本得到实现。

国王拒签开战法令——墨索里尼上台

【时　间】1922年

【决策人】意大利国王维克多·依曼纽尔三世

【失误简述】

1922年10月，墨索里尼进军罗马，意图建立一个独裁的法西斯政府。这时候，意大利国王完全可以命令军队同墨索里尼开战，阻止法西斯分子的疯狂行为。然而，意大利国王却作了一个完全错误的决定，命令当时的内阁成员辞职，将墨索里尼迎进了罗马，给意大利乃至世界人民带来了灾难。

事件背景

与欧洲其他大国相比，意大利素来贫弱。第一次世界大战加剧了意大利国内政治经济生活中固有的矛盾，也使它与其他欧洲列强之间的争夺更为激烈。

政治失误篇

战后的经济困境、政治动荡以及阶级矛盾的尖锐激化，再加上作为战胜国没有捞到什么好处而引发的激昂的民族主义情绪，使统治阶级选择了与法西斯运动相结合的道路，导致在意大利出现了世界上第一个法西斯政权。

战后初期，意大利陷入了严重的财政经济危机之中。这个国民总收入年仅200亿里拉的国家，在大战期间的战费支出高达650亿金里拉（相当于1459.36亿里拉）。其中外债200亿，内债350亿。战争造成的巨额债务不仅使意大利战后通货膨胀，物价飞涨，还造成严重的金融混乱和财政崩溃。

由于缺少资金，意大利工业生产很难顺利完成由战时经济向和平经济的转轨。设备陈旧，技术落后，商品生产成本高，缺乏市场竞争力，使意大利进出口贸易难以保持平衡，入超严重。随着战争工业的转产，大批中小企业破产倒闭，失业人数日益增长，200万复员军人难以找到工作。工人阶级的生活水平因通货膨胀和物价上涨而普遍下降，失业人员更陷于贫困之中，意大利社会孕育着尖锐激烈的阶级矛盾。

经济危机引起革命危机。1919年，意大利全国各地举行的罢工达1871次，参加者55.4万人；1920年工人运动的声势更加浩大，全国举行罢工2070次，参加者猛增到231.4万人。罢工工人要求提高工资和实行八小时工作制，还有至少60万工人参加了占领工厂、建立工厂委员会的斗争。

工人运动极大地鼓舞了农民，在意大利农村，从自发的抗租、抗税斗争到以退伍军人为主的占地运动蓬勃兴起。

到1920年4月，全国有上百万农民和退伍军人参加了占地斗争，占领了191户贵族和大地主的217万公顷的土地，有的地区的农民，甚至夺取了村镇政权，建立了农民自己的组织。

工人占厂、农民占地，在意大利统治阶级眼中大有政权难保之势。

正当国内阶级矛盾异常尖锐之时，巴黎和会上意大利也分权失利，甚至连英、法1915年曾作出的许多领土许诺也未能兑现。

消息传来，引起意大利社会各阶层的极大不满，民族主义情绪空前高

历史的碎片 | 49

人类历史上的重大失误

涨，打倒政府的呼声响遍了全国。人们指责政府无能，期望有一个强有力的政府和铁腕人物来扭转意大利的局面，以武力实现领土要求。

在这样的历史背景下，意大利的法西斯势力迅速崛起。

事件经过

1883年，墨索里尼出生，在他年轻的时候倾向社会主义，加入意大利社会党。1912年担任社会党机关报《前进报》的主编，并成为社会党的领导人之一。

在第一次世界大战期间，墨索里尼公开表示支持政府参战，结果不仅被报社开除，还被社会党开除。1914年10月他参加了意大利第一个法西斯组织——国际行动革命法西斯，并在三个星期后创办了一份新报纸《意大利人民报》。

1915年1月，"国际行动革命法西斯"更名为"革命干涉行动法西斯"，并在米兰建立了全国性组织，墨索里尼很快成了这个组织的核心人物。

1915年5月24日，意大利政府正式对奥宣战，墨索里尼与其他领导人立即应征入伍，"革命干涉行动法西斯"虽未正式宣布解散，但已名存实亡。

墨索里尼

第一次世界大战结束后，墨索里尼等人决定重建法西斯组织。1919年3月，他们在米兰召开了"战斗的意大利法西斯"成立大会，并发表了政治声明和纲领，提出了一些激进的社会改革措施，如："实行八小时工作制"、"确定最低工资标准"、"把工厂或公共事业机构的管理权交给无产阶级的组织"。

从表面上看"战斗的意大利法西斯"提出了以上措施，表明其代表着

50　历史的碎片

政治失误篇

意大利中小资产阶级的利益，希望建立一个能维护他们利益的政权。但是，"战斗的意大利法西斯"作为一支新兴的政治力量，还难以同在工农中间有广泛影响的社会党和人民党相抗衡；它纲领中的反资本、反教会的措施也使垄断资本、封建残余势力和权势集团对其存有戒心。因此，在1919年11月的意大利大选中，法西斯运动的候选人无一人当选。

这次竞选的失败，对"战斗的意大利法西斯"是一个沉重的打击，许多人相继抛弃了这个运动。到1919年底，"战斗的意大利法西斯"从9000多人衰落到只剩下870人。

为了实现东山再起，墨索里尼决定改变法西斯运动的政治方向，投靠统治阶级。1920年5月，是意大利法西斯运动的重要转折点。24日，"战斗的意大利法西斯"在米兰举行第二次全国代表大会，重新选出了党的领导机构，通过了新的《法西斯纲领的基本要点》。这个新纲领无论在政治上、经济上以及社会、军事各方面的主张都表现出了明显的向右转的趋向。这次大会，标志着"战斗的意大利法西斯"开始转向反动。它建立了以反对社会党为首要目标的法西斯行动队，采用残酷的手段疯狂破坏工农革命组织，殴打和杀害社会党和工会领导人。

正在发表演讲的墨索里尼

对于法西斯运动的转向，垄断资产阶级和封建王室开始消除对它的疑虑，而且给予了大力支持。

在统治阶级的扶持与资助下，意大利法西斯运动发展迅速。到1921年5月底，意大利法西斯成员增至187 098人。

1921年11月7日，意大利法西斯在罗马举行第三次代表大会。这次会议标志着法西斯运动从依靠统治阶级转向夺取全国政权、建立法西斯独裁

统治的开始。

这次代表大会，"战斗的意大利法西斯"更名为"国家法西斯党"，确定了以古罗马的"棒束"为标志的党徽，选举墨索里尼为党的领袖。

罗马代表大会之后，墨索里尼开始了夺取全国政权的准备活动。他将法西斯党各级组织全部军事化，实行全党皆兵；以帮助政府恢复秩序为名，加紧恐怖活动，广泛夺取地方政权。一番准备之后，墨索里尼有了更大的野心——进军罗马，取代中央政府。

1922年的9月，为了方便指挥，墨索里尼组成了最高司令部。这时，他曾想利用最便宜的方法来组织自己的新内阁。他一面向政府要求解散国会，另一方面要求元老院襄助组阁，但都遭到了拒绝。墨索里尼遂愈加努力于武装夺权的行动。

10月16日，潜伏在罗马的墨索里尼同一个支持法西斯夺权的大将进行秘密筹划，确定了进军的编队、行动路线和纲领等。在此之前，墨索里尼又在克雷莫纳、米兰和那不勒斯等地检查了政变的准备。

10月20日夜半，法西斯总部下令全国总动员，最高司令部也发表了对全国国民的檄文，宣布进军罗马，劝告军警不要和他们作战，说明他们的目标仅在于推翻腐朽的统治阶级，劝慰有产阶级不要害怕，并且声明保护工农的正当权利。为了拉拢保皇党，减少夺权阻力，法西斯还宣称自己尽忠王室。

进军罗马前夕，墨索里尼特召集法西斯头目举行紧急会议。会议决定墨索里尼为最高统帅，四路大军将沿第勒尼安海进军罗马，沿路要占领城市、邮电局、政府部门、警察总部、火车站、兵营及其他重要设施。墨索里尼还下令彻底消灭那些抵抗的军队和民众。

法西斯的进军指挥总部设在意大利中部翁布里亚的首府佩鲁贾。一切准备就绪之后，这支浩浩荡荡的数以十万计的黑色大军就向罗马进发了。

在法西斯向首都进军过程中，号召国家军队要严守中立，不予干涉。法西斯声称他们对于国王的军队特别尊敬。法西斯不反对警察，只反对怯懦无能的政客，他们在长达四年的时间中甚至不能产生一个好政府。法西

斯希望国内的资产阶级明白，法西斯并不要他们担负什么，不过希望他们严守秩序与纪律，法西斯将帮助他们产生一种使意大利更兴盛的力量。

法西斯军队节节胜利。沿路政府军队和警察，大部严守中立，没有阻击，只有少数共产党领导的革命群众的阻击和反抗，但由于力量对比过分悬殊，也被法西斯暴徒们残酷地镇压下去了。

慑于法西斯武装的暴力，一些政党投了降，一些政党屈膝在法西斯面前请求手下留情，还有一些政党则悄悄地躲藏起来。

10月28日，在米兰，墨索里尼会见了一群国会议员，这些议员提出了以中央政府换取停战条约的建议。他们说，变换内阁也许可以将危难的意大利挽救出来。但是遭到了墨索里尼的拒绝。

就在接见议员们时，墨索里尼又收到了他的支持者邓南遮从阜姆送来的祝贺信。为了征服这群昏庸的议员们，墨索里尼又当面将邓南遮的信念给他们听：

"亲爱的墨索里尼：我在一天劳苦工作后，接见了你的三位使者。在你的宣言里，充满了真理，我这一只眼睛的人，在安闲和沉思之中发现了这些真理。我想意大利的青年必定能认识它们，并且以一种纯洁的心而跟着这真理走。我们必须聚集我们所有的忠实分子，向意大利命运所定的目标进军。"

墨索里尼读完邓南遮的信后，对这群政客们说："假若我只剩下一个随从，或者只有我自己，我都不停止这次战斗，不获全胜，决不罢休。"

墨索里尼强硬的立场，使国会议员感到非常尴尬，无奈之下，他们只好悄悄离开了米兰。

此时，罗马首相法克特面对如此动乱的局势竟束手无策。在几个谋士的建议下硬着头皮发表了一个官样文书。声明说："现在有几省发生一种叛乱，以至阻碍国家政府执行职能，并陷全国于困难之境。目前中央政府正设法求得和平解决。对此革命运动，政府将不惜任何牺牲以维持公共秩序。"

对法西斯政变，法克特在这短短的声明中一会儿称"叛乱"，一会儿

又称"革命运动"，前后矛盾，破绽百出，尽显惊慌神色。全体阁员见此情形，只好退避三舍，由法克特一人处置。

墨索里尼到达罗马

资产阶级政党或被吓住了或被迷惑了，共产党被打垮了。法西斯已兵临城下，胜利几乎唾手可得，面对如此有利的形式，墨索里尼变得更自信了。

进攻的命令一直没下达。法克特政府对围困作了准备，但国王拒签法克特的法令，也不和法克特合作。

10月29日下午，墨索里尼接到一个急切的自罗马国王办公处打来的电话。国王副官西达迪尼将军告诉墨索里尼，国王想请他进入罗马，并让他重组内阁。由于害怕有诈，诡计多端的墨索里尼要求西达迪尼将军将同样的消息以电报的形式正式通知他。经过漫长的两小时，墨索里尼终于等来了电报。

墨索里尼及其党羽接到这一电报后，欣喜若狂，立即通知佩鲁贾总部和米兰的黑衫党总部，并命令《意大利人民报》用最快的速度将王室的电报全文以号外形式通报全国。

墨索里尼乘坐国王给他的一列专车前往罗马。但进入罗马时，他只好坐敞篷汽车，因为铁轨已被政府军炸毁。

1922年11月1日，新首相墨索里尼向国王宣誓效忠

在罗马的王宫，国王热情地接待了墨索里尼，并和他一起出现在阳台上接受人们的欢呼。他们每出现一次，人群就爆发一次狂热的欢呼。

意大利人正拼命地恢复他们对国家的忠诚。他们害怕共产党人的威胁，发誓支持墨索里尼。他承诺要给意大利"一个多年需要但没得到的强有力的政府"。很快，新的内阁组成了。虽然墨索里尼邀请了一些政敌入阁，但成员绝大多数还是法西斯分子，处于绝对控制地位。

看起来好像墨索里尼主要靠其性格来统治意大利，这只是个开始。法西斯领导人当天发布了一个宣言，声称："从即刻起，墨索里尼就是意大利政府。他现在对国家安全负责。反政府机构的行为就是造墨索里尼的反。"

事件影响

墨索里尼担任首相以后，为了巩固自己的权力和地位，暂时采取了议会多党内阁制。但是，这种过渡性的政府形式注定不可能长久。因为按照法西斯主义的教义，其根本目标在于建立极权主义的一党专政。

法西斯主义的教义主要包括以下三个方面：

人类历史上的重大失误

极端民族主义。墨索里尼认为，对法西斯主义来说，帝国的倾向即各民族扩张的倾向，是一种生命力的表现。

极权主义。墨索里尼最先提出了极权主义的概念。他认为，国家在国民生活的一切部门中毫无疑问都是至高无上的。他曾写道："在法西斯主义者看来，一切都存在于国家之中，在国家之外，不存在任何有人性或精神的东西。""从这个意义上来说，法西斯主义是极权主义的。"

专制主义。墨索里尼反对资产阶级的议会民主制，他说，"民主制度是一种不立国王但有许多国王的制度，这许许多多的国王比起哪怕一个暴君的国王来，有时更不容异见，更暴虐和更有害。"他排斥自由思想，崇信纪律。他要让全意大利人都服从他的命令，并建立维护统治的特别警察机构。

正因为如此，墨索里尼在政权获得初步巩固之后，就加紧了排除异己，集中国家权力，建立法西斯一党独裁统治的步伐。1922年12月，墨索里尼决定改组法西斯国家党的领导机构，成立法西斯国家党大议会，建立了完全听命于他本人的国家安全志愿民团，成功地合并了民族党。

同年11月18日，在墨索里尼的操纵下，议会通过了一项新选举法，根据这项选举法，在选举中得票最多的政党，如果获得的选票占全部投票25%以上，就可获得议会中2/3的席位。

1924年6月，为了排除反对派，墨索里尼悍然指使部下谋杀了名高位重的社会党议员马泰奥蒂。事件曝光后引起了许多人的抗议。墨索里尼不仅用武力将抗议镇压下去，还以此为契机，迅速改组了内阁，使原先的联合政府变成了一党专政的政府。此时，墨索里尼在建立极权主义统治方面已经毫无障碍了。

1925年底，议会通过了三项法律，其中第一条法律规定了政府首脑的权力，也就是墨索里尼本人的权力：他只对国王个人负责，因为只有国王一人能解除他的职务；凡在议会展开辩论的任何事情，必须经他批准；其余的大臣既对他负责也对国王负责。

意大利法西斯主义运动是由一个有强有力党魁领导的群众性政党，这个政党具有广泛的群众基础，采取了自下而上为主，但又与自上而下相结

历史的碎片

合的方式。回顾起来，墨索里尼尽管有时举动笨拙和犹豫不决，但却那么容易地夺取了政权。除了客观历史条件以外，他的反对派的愚蠢和错误，社会党的分裂以及墨索里尼始终抓住党和法西斯武装部队不放，对于他取得进军罗马的胜利具有非常重要的作用。

法西斯政府对内残酷压迫人民，剥夺人民的基本民主权利，对外侵略扩张。意大利法西斯国家党的上台执政和法西斯一党专政的建立，无论对意大利、欧洲还是全世界，都是一个深重的灾难。

德国总统内阁体制——纳粹党夺权的"清道夫"

【时　间】20世纪30年代

【决策人】德国总统兴登堡

【失误简述】

1930年3月27日，以社会民主党人米勒为首的内阁举行会议，讨论因经济危机而引起的财政困难问题。由于参加政府的各党派意见分歧，无法制定一项大家都能接受的财政政策，联合政府分裂，米勒遂于3月28日辞职。

米勒政府是魏玛共和国的最后一届议会政府，随后上台的布鲁宁政府是依靠总统颁布的具有法律效力的紧急法令维持统治的。

总统内阁体制在德国的建立，严重削弱了议会民主，为纳粹党攫取政权扫清了道路。

事件背景

1929年10月下旬，资本主义经济危机爆发，美国首当其冲。其后，经济危机开始在世界蔓延，逐渐扩大到加拿大、德国、日本、英国、法国等国，许多殖民地、半殖民地和不发达国家也受到影响，整个资本主义世界笼罩在经济危机的阴云中。

人类历史上的重大失误

经济危机期间等待领取救济金的市民（美国）

  一直到1933年，这场经济危机浪潮才逐渐消退。这场经济危机，使资本主义世界工业生产下降40%以上，遍及工、农、商、金融等各行各业。资本主义各国的失业率高达30%到50%，失业工人达三千多万，几百万小农破产，无业人口颠沛流离。这次危机生产下降幅度之大，危机范围之广，失业率之高，持续时间之长，使它成为资本主义发展史上最严重的一次世界性经济危机。

  这次世界经济危机，对德国的打击十分严重。

  危机期间，德国工业生产下降了40.6%，下降幅度仅次于美国的46.2%，居资本主义世界的第二位。

  农业生产下降了30%，大批小农破产，佃农人数迅速增加。

  对外贸易锐减，德国出口从1928年的123亿帝国马克降到1932年的57亿帝国马克。

  由于国外贷款的削减，德国最重要的银行之一达姆施达特国民银行于1931年7月倒闭。

  更加严重的还是社会问题，失业人数大量增加。从1929年9月的132

万人增至1930年9月的300万人，1932年头两个月竟超过600万人。这些只是登记的失业数字，实际的失业人数远远超过这个数字。

在严重的经济危机影响下，德国政府一方面采用削减工资、失业救济金、养老金以及提高纳税额等办法，力图把经济危机的沉重负担转嫁到劳动人民身上，另一方面，政府却给垄断资产阶级和容克地主提供了巨额贷款和补助金。

事件经过

1930年3月27日，以社会民主党人米勒为首的内阁举行会议，讨论因经济危机而引起的财政困难问题。参加政府的各党派各持己见，互不相让，无法制定一项大家都能接受的财政政策，于是联合政府宣告分裂，米勒也于3月28日辞职。

米勒政府是魏玛共和国的最后一届议会政府，随后的布鲁宁政府是依靠总统颁布的具有法律效力的紧急法令才上台的。

总统内阁体制在德国的建立，严重削弱了议会民主，为纳粹党攫取政权扫清了道路。

排队典当物品的柏林市民

20世纪20年代，德国的政治、经济局势比较稳定，纳粹运动发展相当缓慢。1928年，纳粹党员还不足10万人，在国会的491个议席中仅占12个，地位、影响无足轻重。

但是，经济危机的爆发，为纳粹运动的迅猛发展提供了最难得的机会。在经济危机的打击下，饱受失业和破产之苦的广大中下层人民对现政权极端不满，强烈要求改变现状。纳粹党乘机发动了强大的宣传攻势，攻击魏玛共和国历届政府腐败无能，并宣称，假如自己上台执政，必能改善人民

的生活，振兴德国的国力。

纳粹党深知，城乡小资产阶级群众约占德国全部人口的40％以上，是社会的重要组成部分，必须取得他们的支持。

1930年3月6日，纳粹党宣布了《农民纲领》，颂扬农民是"全体人民中最纯洁的分子，民族新的生命的源泉"。

《农民纲领》规定，取缔土地投机，禁止地产抵押和拍卖，并许诺给农业人口以经济援助，如减免捐税、提高关税、提供廉价人造肥料和电力、提供国家信贷，等等。

同年5月10日，纳粹党又提出了《迅速提供就业——战胜危机纲领》，要求"修筑公路，以减少失业"；"由国家资助，使中小企业继续生存"；"以大地产为代价，增加中小农数量"。对失业青年，则引诱他们参加冲锋队。总之，根据不同群众和各个阶层选民的心理需求，纳粹党进行了有针对性的巧妙宣传，这使得他们在争取城乡小资产阶级和青年的工作方面比其他政党都要成功，相当一部分失业工人也被争取过来。

经过强大的宣传攻势和周密的组织工作，在1930年9月14日的大选中，纳粹党共得选票640余万张，获107个议席，从国会中原来位居第九的最小党一跃而成为仅次于社会民主党的第二大党。纳粹党的党员人数也迅速增加。1928年9月只有8万人，1929年9月增至15万人，1930年11月增至35万人。

纳粹党的头子们深知，蛊惑性的宣传是为了争取选民，但要确实取得政权，还必须得到国防军和资本家的支持。

1930年春，乌尔姆卫戍部队有三名年轻军官因为在军队里宣传纳粹理论，并劝诱其他军官允诺一旦发生纳粹党武装起事，他们不向起事者开枪而被捕。

同年9月，即选举后一星期，这三名军官以叛国罪在最高法院受审。审讯时，希特勒出庭作证，乘机宣传纳粹党绝对没有取代国防军的意思，不仅如此，纳粹党执政以后，国防军还要大大扩充，强加在德意志民族身上的《凡尔赛和约》必被摆脱。这些话恰到好处地说在了国防军军官的心

里，同情纳粹运动的青年军官也开始增多起来，高级军官们也比较放心了。

对于大资本家，纳粹党领导人也竭尽争取之能事。1931年下半年，希特勒走遍全国，同重要的企业界人士私下会谈。

1932年1月27日在杜塞尔多夫，希特勒应邀出席在这里秘密举行的有300名垄断资本家参加的会议。在会议上，希特勒滔滔不绝，攻击民主"实际上将摧毁一个民族的真正价值"。认为既然在经济生活中树立了个人权威，那么在政治领域中同样应树立个人权威。

希特勒

会议期间，希特勒不断鼓吹种族优秀论，称布尔什维主义的世界观如不被阻止，整个世界必将化为废墟。他大声疾呼扩军的必要性，说德国军队由"10万人或20万人还是30万人"组成并不重要，重要的是"德国是否拥有800万后备军"。

希特勒结束讲演后，便得到了资本家们的一致拥护。

这时期，德国经济继续朝着坏的方向发展。1930年9月后，外国资本开始撤离德国。1931年7月14日，全部德国银行关闭。1932年，德国失业人数达到600万。但是，总理布鲁宁没有拿出任何解决这些问题的方案、措施，而是在等待经济复苏的到来。他丧失人心，被讥讽为"饥饿总理"。

不过，布鲁宁内阁曾通过一项垦殖法令，规定对庄园的补助条件是向迁移的农民提供土地，而且对庄园的补助应当根据对其经济状况的审查结果而定。对不再具有偿还能力的庄园应强制拍卖，以取得垦殖土地，安置移民。

这法令一经颁布，立即引起了东部大庄园主的愤怒，他们纷纷向总统

人类历史上的重大失误

兴登堡控告布鲁宁实行农业布尔什维主义。兴登堡本人也是大庄园主，他一下子被激怒了，立即要求布鲁宁下台，于是在1932年5月30日，布鲁宁不得不递上辞呈。

布鲁宁的倒台意味着从议会容忍的总统制政府向纯总统制政府的过渡。继任的巴本成立了一个由贵族组成的"老爷

兴登堡与希特勒

内阁"，在国会得不到多数的支持，紧急法令更成为其维持统治的工具。

巴本和国防部长施莱歇尔企图让纳粹党分享部分权力，来捆住他们的手脚。1932年6月15日，巴本政府取消了布鲁宁执政时期对冲锋队的禁令，以讨好纳粹党人。在7月31日举行的国会选举中，纳粹党共获议席230个，成为国会中第一大党。社会民主党比上届丧失了10个席位，共获133个议席。共产党增加了12个席位，共获89个议席，成为第三大党。

纳粹的狂热支持者

62 历史的碎片

政治失误篇

1932年8月13日，兴登堡召见希特勒，想让他参加联合政府。但是希特勒拒绝了，因为他想独自一人掌握所有的国家权力，成为独裁者。

9月12日，共产党议员在议会中提出不信任政府、要求取消一切紧急法令的提案。纳粹党破例投票赞成共产党的提案，其目的无非是为了彻底推翻巴本政府，结果提案以513票对32票通过。

在此之前，巴本已从总统那里得到解散国会的命令，因此议案虽然通过，国会还是承认了解散令。在11月6日举行的大选中，纳粹党丧失了200万张选票，失去34个议席，只得到196个。共产党增加了75万张选票，议席从89个增到100个。这是纳粹党在走向顶峰之后遭到的第一次大挫折。

纳粹党在大选中的失败，引起了垄断资产阶级的恐慌。1932年11月11日，20名金融家、工业家和地主上书兴登堡，要求任命希特勒为总理，成立一个独立于国会党派组织的政府，因为经常一再解散国会而导致日益充满党派尖锐斗争的重新选举，不仅必然妨碍政治上的稳定和巩固，而且必然妨碍任何经济上的稳定和巩固。他们要求纳粹党参加政府并居于领导地位。

11月13日，巴本致函希特勒，建议消除他们之间的分歧，再次企图拉拢希特勒入阁，但希特勒再次拒绝了。这时，支持巴本上台的、政治野心极强的施莱歇尔将军认为自己组阁的时机已到，便把巴本排挤下台。

12月2日，施莱歇尔出任总理。他企图用分裂纳粹党的办法，把大约60个纳粹议员拉到自己一边，再加上中产阶级政党的支持，从而在国会中形成多数。

1933年2月1日，希特勒第一次以总理身份，向全国发表广播讲话

但希特勒最终还是控制了党内局势，避免了纳粹党的分裂。

历史的碎片

人类历史上的重大失误

这时，不甘失败的巴本在经过银行家施罗德的安排后，于1933年1月4日在施罗德的科隆寓所秘密会晤希特勒。两人达成了组织希特勒—巴本内阁的协议，由希特勒担任总理，巴本及其支持者可以参加政府，担任部长。巴本还同意了希特勒的要求：在他上台后，把社会民主党人、共产党人和犹太人驱逐出领导岗位。

1月23日，由于无法在议会中取得多数支持的施莱歇尔求见兴登堡，要求解散国会，根据宪法第48条，授予他紧急权力，但遭到拒绝。1月28日，施莱歇尔辞职。1月30日，兴登堡任命希特勒为总理。从此，魏玛共和国告终，德国法西斯专政时期宣告来临。

事件影响

希特勒在德国的崛起是20世纪人类的一大灾难，他屠杀了至少500万犹太人、80万吉卜赛人、200万波兰人、600万苏联战俘和平民（不包括在战争中死亡的人数），他发动的第二次世界大战造成了近2000万士兵的死亡，还有2000万妇女、儿童、老人在战争中死亡。

在人类历史上杀人之多能与希特勒比肩的人寥寥无几。这场人类的大灾难不仅是由希特勒个人造成的，德国整个民族、德国的民众都有不可推卸的责任。是德国的民众将希特勒推上了政治舞台，德国任何阶级、集团、政党都不能逃避其应负的一份责任。

相关链接

兴登堡

兴登堡出生于一个普鲁士军官家庭，因此他也从军开始军旅生涯。1859年到1866年他进入军事学校，1866年他以中尉军衔参加了普奥战争。在1870年到1871年的普法战争中他也以军官身份参加。1903年他晋升为上将，1911年他64岁退休。

三年后，第一次世界大战爆发，他重新入役，被任命为东方战线第八军的司令官。1914年终，他击败俄罗斯军队，这为他带来了许多荣誉，他

被晋升为元帅。1916年8月，他继冯·法尔根汉后成为陆军最高指挥官。1918年他试图营救德皇，劝威廉二世逃离德国。他与新政府合作试图平息德国内部的动乱。1919年7月，凡尔赛和约签署后兴登堡辞职。

魏玛共和国成立后，右翼政党要求兴登堡参加竞选总统。1925年4月，兴登堡被选为弗里德里希·艾伯特的后任，5月12日他宣誓就职。虽然他本人是一个保皇党人，对魏玛共和国持怀疑态度，但他依然按宪法履行他的职责。

1930年，兴登堡不经议会商议就委任海因里希·布鲁宁为帝国总理，由此他开始了总统内阁制。在这个制度中内阁总理只向共和国总统负责，不向共和国议会负责。由于当时议会内所有民主党派（包括德国社会民主党和中央党）为了防止阿道夫·希特勒成为德国总统而一起支持兴登堡，因此兴登堡得以在1932年再次委任布鲁宁为总理。

1932年的选举结束后兴登堡越来越依靠他自己的一小批右翼的朋友和战友了。这些人中包括他的儿子奥斯卡·冯·兴登堡、他庄园的邻居库尔特·冯·施莱切中将和弗朗茨·冯·帕彭。在他们的影响下，他本人虽然对纳粹反感，但还是在1933年1月30日任命阿道夫·希特勒为德国总理。同年3月24日发布的《授权法》实际上废除了魏玛共和国的宪法，为希特勒的完全统治铺平了道路。

霍利—斯穆特关税法——20世纪美国最愚蠢法案

【时　间】1930年

【决策人】美国总统胡佛

【失误简述】

1930年，由于美国认为外国的工资和制造成本低，美国制造商无法成功地与外国制造商竞争，因此建立了史无前例的贸易壁垒。"霍利—斯穆特关税法案"试图以高关税壁垒保护美国市场，使之免于外国竞争。

人类历史上的重大失误

结果是灾难性的：贸易伙伴随即采取报复性关税措施，以限制外国进口来保护本国市场，使美国的进口额和出口额都骤降50%以上，世界贸易额下降了70%，几千万人失业，加剧了大萧条状态。

事件背景

第一次世界大战结束后，世界经济出现了短暂的繁荣。然后，又一场经济危机发生了，为保护国内市场，各国相继开征起新关税，并实行进口配额等非关税壁垒。

20世纪20年代，美国农业表面上十分繁荣，各种农产品产量大幅提升，但产量提升所伴随的却是价格下跌。好的收成却换不来收入的提高，这让美国农民怨气冲天。他们认为，外国农产品之所以能够冲击本国农产品，完全是过低的关税造成的，因此，提高农产品关税是拯救美国农业的灵丹妙药。

对政府来说，农业的萧条也产生了很大的政治压力。1921年5月，政府召开特别会议，通过紧急关税法，对小麦、玉米、肉类、羊毛、食糖等农产品的进口课以高关税。

1922年9月19日，国会又通过了《福德尼—麦坎伯关税法》，恢复了1909年的高额关税和早期一些关税，例如恢复对钢铁的关税，提高纺织品的进口税，许多部门受到高关税的保护。

1927年，战后首次世界经济会议在日内瓦召开，这时的美国是仅次于西班牙的世界第二高关税国。本来这样的高关税政策已经引来了国际社会的不满，可是美国人还不停手。

1928年，美国大选，这种错误的政策继续蔓延。当时，民主、共和两党为议席争得十分激烈，双方政客都刻意利用关税这个似是而非的话题挑起争论，并借机挖对方支持者墙脚，其导致的最直接结果是：越来越多的人相信提高农产品关税能够改善农业现状。

1928年，共和党人胡佛通过对农民信誓旦旦的许诺赢得大选，于1929年5月成功入主白宫。

历史的碎片

政治失误篇

这时候，胡佛看到经济危机已经开始并有继续扩大的趋势，感到有必要敦促国会专门商讨关税问题，尽快拿出应对危机的对策。威斯康星州共和党众议员、众议院筹款委员会主席霍利便积极行动，花了43个白天和5个夜晚走访农场主和工商业者，搜集了厚达11000页的证词，并在此基础上拿出了一个方案。

事件经过

霍利的方案建议增加845种商品（主要是农产品）关税，并减少85种商品（主要是工业品）关税。在霍利的大力推动下，就在胡佛正式入主白宫当月，这项提案以高票在众议院通过。

方案在众议院通过后，按程序还要在参议院表决。1930年3月，在参议院金融委员会主席、犹他州共和党参议员斯穆特的主持下，提案以44票赞成，42票反对，勉强多数通过。这项法案在原本已经大幅度提高了关税的1922年关税法基础上又提高了890种商品关税。

霍利极力推动这一法案，其初衷是单纯提高农业品的关税，对工业品的关税不作改变。对此，工业州的议员、政客们惊恐不已，唯恐提税的好处都让农业州抢了去，便鼓动州内财团和院外活动人士加紧游说，希望增加工业品的关税，以刺激就业。

结果，几乎所有产品的关税都得到大幅提升，一个被认为是愚蠢且可怕的法案——《霍利—斯穆特关税法》出炉了。该法修订了1125种商品的进口税率，其中增加税率的商品有890种，有50种商品由过去的免税改为征税。

该法案如此有悖常理，所以其一被披露，就遭到了许多有识之士的强

美国总统胡佛

历史的碎片 67

烈反对。数十名经济学家联名上书胡佛总统，呼吁否决《霍利—斯穆特关税法》，认为这个法案不仅是以邻为壑的不公平竞争，而且必将作茧自缚。当时美国是世界第一大债权国，自由贸易对美国最为有利，如果外国因为美国的关税壁垒而卖不出东西，怎么可能有钱还美国的债？

许多有见识的企业家也加入到反对者行列。汽车业大亨亨利·福特将这项法案称为"经济胡闹"，在白宫，他用了整整一个晚上的时间劝说胡佛否决法案。然而1930年6月，被经济危机弄得晕头转向的胡佛不顾众人的强烈反对，一意孤行地签署了《霍利—斯穆特关税法》。《纽约时报》的文章说："总统认为，根据1928年堪萨斯共和党全国代表大会所制定的施政纲领，共和党政府及联邦议会修正关税的做法是正确的。"经济危机的到来似乎正好是瞌睡时的枕头。当然，如果胡佛意识到大萧条将持续如此长的时间，而不是他自己预料的顶多半年，他就不会签署这个法案了。

这个被称为"20世纪美国国会所通过最愚蠢的法案"，在经济萧条席卷美国、进而影响全球的关键时刻大幅度提高关税，最终不仅导致各国之间的关税大战，让经济危机周期大大延长，也大大加剧了世界范围内的民族主义，使本已动荡的国际局势更加动荡。

本来，当时的国际联盟就主张各国停止关税壁垒战，还提出了一项关税停战协议以保护国际贸易，《霍利—斯穆特关税法》一出台，在全球引起了强烈的反响，各国政府最初的反应是抗议，至当年9月，多达23国的抗议信雪片般飞进白宫，而美国政府却对这些抗议嗤之以鼻，不为所动，将这一切当成了自己的胜利。其实，提高关税对进出口的直接影响并不太大，关键是其中释放的以邻为壑的态度让各国无法接受。

贸易战的严重后果是，1932年美国从欧洲进口总值仅3.9亿美元，而1929年为13.34亿美元；同期美国向欧洲出口总值为7.84亿美元，而1929年高达23.41亿美元。1929~1933年经济危机后，整个资本主义世界陷入全面大萧条。各国见美国提高关税，开始采取报复措施。

加拿大——这个素来恭敬的伙伴首先打响了报复的第一枪，这让美国人着实没想到。其实早在胡佛总统签署法案前1个月的1930年5月，加拿

政治失误篇

大即通过法案，将美国输往加拿大的 16 大类产品关税提高 30%，见此举不痛不痒，加拿大政府一面层层加码，一面乞求英联邦步调一致。

对外贸易是英国经济的重要命脉，竖起关税壁垒无异于断了英国的生路，因此对于加拿大的求助，其立即作出了积极响应，动员整个英联邦跟美国打关税战，还把法国也拖下水。与此同时，德国——第一次世界大战战败国，如今也被经济危机弄得社会动荡不已的国家——也加入到报复行列，关税报复措施最终导致德国进口总值下跌 61%。

此例一开，世界范围的贸易壁垒战开始了。据统计，1928 年时世界贸易总额已达到 601 亿美元，但到 1938 年仅为 246 亿美元，缩水超过 60%。不仅是贸易战，从 20 年代末开始，各国纷纷放弃金本位使本币贬值，贸易战也升级为货币战。

所谓金本位制，就是以黄金为本位币的货币制度。在金本位制下，每单位的货币价值等同于若干重量的黄金，国家之间的汇率由它们各自货币的含金量之比决定。1879 年，美、英等国开始采用金本位制，此后各主要工业化国家纷纷效仿。

要确保金本位，首先需要各国有足够的黄金储备，并严格控制货币供应量，以免别人拿来钱却换不到黄金；其次，由于黄金是国际货币，各国都必须保证黄金的自由流通。1914 年 8 月，第一次世界大战爆发，欧洲各国几乎同时宣布暂停金本位制，停止黄金和本币以及本币和外币的兑换，在战争中为维持军费大发纸币。贵金属也成为从国外购买补给的基本资源，为满足发动战争机器的需要，各国相继立法禁止黄金输出。这样一来，金本位制实际上遭到了破坏。

1928 年，美联储宣布终止给外国的长期贷款打开了货币战争的闸门。从 1929 年底开始，阿根廷、智利、巴拉圭、委内瑞拉、秘鲁等国货币相继贬值，匈牙利、澳大利亚和新西兰等农业国也相继跟进，虽然英国、德国仍然坚持金本位，但也明显感到力不从心，金融濒临绝境。

1931 年 7 月，德国政府宣布停止偿付外债，实行严格的外汇管制，禁止黄金交易和输出，这标志着德国的金汇兑本位制从此结束。

历史的碎片

拉丁美洲、东欧等地区相继宣布货币贬值，给英国造成了很大的压力。1931年9月，英国也宣布放弃金本位，实行黄金出口限制，允许货币贬值。接着印度、埃及、马来西亚等以英镑为基础实行金汇兑本位制的国家也宣布放弃金本位。

这标志着两次世界大战之间的金本位制的解体，也带来了第二波贬值潮。到1932年初，已有24个国家为对抗经济和他国的关税壁垒，宣布放弃金本位，任货币贬值。

1933年春，严重的货币信用危机刮回美国，5月，美元贬值41%。英、美两个金融大国货币先后贬值，无疑是最强烈的货币战信号，这使得比利时、瑞士、荷兰、意大利等仍坚持金本位的西欧国家陷入严重的通货紧缩，黄金外流，出口竞争力大跌，最终这些国家也不得不在1936年加入货币战。原先指望通过扩大贸易来恢复全球经济的幻想彻底破灭了，世界经济状况进一步恶化。

1936年，虽然法国、美国和英国签订了一份三方协定，承诺克制货币贬值，共建国际货币体系，暂时结束了货币战。可是好景不长，随着德军入侵波兰，第二次世界大战正式爆发，国际经济体系发生根本性变化，重回金本位已然不切实际。各国不得不接受新霸主——美国主导金融世界的事实。1944年7月，战争大局已定之时，各国达成布雷顿森林体系，即美元与黄金挂钩，其他货币与美元挂钩。这场货币战争至此尘埃落定。

事件影响

胡佛担任总统4年，大萧条占了3年半。除了科罗拉多大峡谷中的胡佛大坝，胡佛的名字和"大萧条"三个字更紧密地联系在一起。

对于自己的执政理念，胡佛使用了"粗犷的个人主义"这一短语来形容，他认为，"经济伤口必须通过经济体的细胞——生产者和消费者自己的活动来愈合，政府应该做的事是鼓励个体、企业和政府的自愿合作"。在危机初期，胡佛坚持他的思想，但当危机逐渐变得不可控的时候，他又

政治失误篇

仓促间出台了一系列措施，结果是落得两头不讨好。无论是左派还是右派，都把他当做大萧条的头号责任者。

即使胡佛在4年任期结束后，他的名字依然总是和艰难、痛苦的记忆联系在一起：躺在纽约中央公园长椅上无家可归的流浪者们，把他们盖在身上的报纸称作胡佛毯；因为买不起汽油，用骡马拉着走的破汽车被命名为胡佛车；男人们把裤子口袋翻出来抖抖，以示囊中羞涩的动作被诙谐地自嘲为挥动胡佛旗；城市郊区的棚户区被称作胡佛村；用来打牙祭的野兔被叫做胡佛猪……

大萧条中的失业者

胡佛没有意识到，在他上台的时候，美国将迎来一个从经济高速发展的高峰而跌入低谷的转折。

在当选美国总统后，胡佛曾经胸有成竹地宣称，贫穷将不会在美国存在，"我们尚未达到目标，但我们有机会沿袭过去八年来的政策继续向前，在上帝的帮助下，我们很快就会看到，把贫穷从这个国家驱逐出去的日子就在前头"。

胡佛没有想到的是，在《霍利—斯穆特关税法》颁布之后，美国就失去了上帝的庇护。

相关链接

胡　佛

赫伯特·克拉克·胡佛生于爱荷华州，父亲为铁匠，在胡佛6岁时死去。母亲赫尔达·明索恩则在胡佛9岁时去世。胡佛和他的一个哥哥、一个妹妹先由叔叔阿伦·胡佛抚养，两年后胡佛住在了舅舅约翰·明索恩家。

历史的碎片　71

人类历史上的重大失误

胡佛毕业于斯坦福大学，成为一个采矿工程师。1897 年，胡佛与罗·亨利结婚。胡佛为一家公司所雇用去了澳大利亚，次年来到中国，在一家私人企业公司工作，作为中国主要的工程师。

胡佛在天津居住 15 年，通过在当时中国乃至亚洲最大的饭店利顺德大饭店工作，积累了政治经济资本，这成为他后来发迹的基础。到 1914 年，他已经拥有了 400 万美元的财产。他以这些财产为后盾逐步步入政界。1921 年任商业部长。1928 年接受共和党总统候选人的提名，获胜。胡佛上台后，正赶上世界性的经济危机，美国经济坠入深渊，这使他希望依靠美国科学潜力来开辟一个新时代的愿望破灭。尽管他进行了不少努力，但危机一天天加重，他苦无对策，弄得全国上下怨声载道，局势一发不可收拾，最后在竞选连任中失败。1932 年大选中，他被民主党的罗斯福击败。退休后，他著书立说，著作颇丰。

1947 年，杜鲁门总统任命胡佛担任胡佛委员会成员，选举他为主席，改组执行部门。他在 1953 年被任命为艾森豪威尔总统的委托主席。1964 年 10 月 20 日，胡佛逝世于纽约。

绥靖政策——助长法西斯嚣张气焰

【时　间】二战时期

【决策人】以英法为首的国际联盟

【失误简述】

英法在 20 世纪 30 年代对法西斯国家实施的绥靖政策，从主观上看，是为了免遭法西斯的侵略扩张，但是以妥协退让求和平，实际上只能纵容法西斯的侵略，反而加快了战争的来临。

事件背景

20 世纪 30 年代，在意大利，以墨索里尼为首的法西斯独裁政府，为

政治失误篇

了摆脱国内的政治经济危机，企图从发动侵略战争，掠夺别国领土和财富上寻求出路，以建立一个包括整个地中海的大帝国。

尽管意大利对巴尔干半岛诸国、多瑙河流域和地中海东部沿岸国家素有野心，然而，在这些地区，它遭到了德国、英国和法国的坚决抵制，很难取得成功。因此，墨索里尼转而将扩张重点移向非洲，他选中的第一个侵略对象便是埃塞俄比亚（当时称为阿比西尼亚）。

事件经过

1934年12月5日，驻扎在奥加登省瓦尔—瓦尔绿洲的埃塞俄比亚部队，突然遭到了意大利军队的袭击。事后，意大利宣称埃塞俄比亚人挑起争端，并故意提出了一些让对方难堪而无法接受的要求，如正式道歉、赔偿损失、

墨索里尼视察意大利军队

通过在当地向意大利国旗致敬的方式，承认意大利占领瓦尔—瓦尔的合法性等。

瓦尔—瓦尔事件爆发后不久，埃塞俄比亚即向国际联盟报告，1935年3月17日又正式呼吁国际联盟行政院根据盟约第15条处理埃塞俄比亚和意大利两国之间的纠纷，但遭到了意大利政府的反对。意大利政府坚持纠纷由两国自行解决。

英、法袒护意大利，在它们的操纵下，国际联盟行政院直到9月4日才召开会议讨论意埃争端问题。在这9个月的时间里，对于正加紧备战的意大利，英国、法国不仅坐视不理，还通过各种渠道让意大利知道，它的行为不会受到惩罚。

1935年10月3日，意大利不宣而战，30万意大利军队越过马雷布边

历史的碎片 73

人类历史上的重大失误

界，大举入侵埃塞俄比亚。埃塞俄比亚人民面对强敌奋起反击。

1936年3月，德军进入莱茵非军事区，使欧洲局势顿时紧张起来，墨索里尼乘机对埃塞俄比亚发动强大攻势。意军还无视国际法规定，施用化学武器屠杀埃塞俄比亚军民，致使27.5万人被毒死。

在意军的强大攻势下，埃军逐渐溃退。1936年5月5日，意军占领埃塞俄比亚首都亚的斯亚贝巴，海尔·塞拉西皇帝被迫流亡英国。

埃塞俄比亚皇帝海尔·塞拉西一世

5月9日，意大利正式合并埃塞俄比亚。不久，意大利将埃塞俄比亚与索马里、厄立特里亚合并，组成意属东非帝国。

在德国，希特勒在当上总理后的最初几个月里，从没在公开场合宣传他的真实意图，这是由于德国尚未武装起来，缺乏与英法等强国对抗的实力，因而，希特勒担心英法等国在德国羽翼未丰之时就阻止他的计划实现。因此，他披上了"和平天使"的伪装，宣布将裁军，以麻痹英法等国。同时，他也以裁军为幌子，以争取在英法容许下，公开地、逐步地重整军备，将德国武装起来。

1934年，希特勒密令在一年内将德国陆军扩充到30万人，海军扩充一倍。1935年3月，德国恢复普遍义务兵役制，并计划建设一支现代化的空军，全国正规军总兵力达36个师，共55万人，另外还组织由冲锋队改编的特种部队30万人。希特勒还声称，德国再也不受《凡尔赛和约》的约束了。

意大利入侵埃塞俄比亚，为希特勒占领莱茵非军事设防区提供了良机。莱茵区位于德国西部，与法国接壤。根据《凡尔赛和约》和1923年10月16日的《洛迦诺公约》，英、法、意、比、德五国相互保证莱茵非军事设

防区的现状以及德比、德法边界不受侵犯，这是遏制德国东山再起和西进的重要措施。对于希特勒来说，也只有首先占领这块战略要地才能迈出向外扩张的第一步。

1936年3月，希特勒决定武装占领莱茵非军事设防区。事实上，当时德国的军事实力是难以同法国抗衡的，而进入莱茵非军事设防区的兵力不过2.2万名正规军，1.4万名地方警察，而且这些部队是吹号打鼓开进去的。

在进军莱茵非军事设防区前，德军指挥官还接到过希特勒的命令："一旦法比军队采取行动，立即撤回"。

但是，让德军没想到的是，除了仅有的书面抗议，英国、法国没有采取任何军事行动。追其原因，主要有：英国政府认为莱茵非军事设防区对英国安全并非至关重要，担心阻止德军进入莱茵非军事设防区会妨碍英德之间达成妥协。而法国则过低估计了自己的力量，不敢单独同德国对抗，最终导致莱茵非军事设防区这一重要战略要地轻而易举地落入德国手中。

德国武装占领莱茵非军事设防区，表明它终于完全撕毁了《凡尔赛和约》。

意大利入侵埃塞俄比亚时期，以英法为代表的西方大国所实施的政策，实际上就是在中立旗号掩盖下的绥靖政策。究其原因，主要是由于纳粹德国的崛起，使英法企图以牺牲埃塞俄比亚的利益来引诱意大利留在斯特雷扎阵线之内，以阻止德意的接近。

可见，为了换取与意大利的和平，可以牺牲埃塞俄比亚等弱小国家的利益，这就是西方大国对意埃战争所实施的政策的实质。

但事实上，法西斯就是侵略，任何姑息、拉拢以至小恩小惠，都不会改变它的侵略本质，而德意法西斯正是在对外争霸称霸、侵略扩张的共同目标之下联合起来：德国进军莱茵非军事区，转移了英法的视线，为意大利侵略埃塞俄比亚创造了良机；而意大利退出斯特雷扎阵线，则为德国占领莱茵非军事设防区提供了支持。

人类历史上的重大失误

1937年，日本发动侵华战争后，中国政府于9月12日正式向国际联盟提出申诉的照会。

10月6日，国际联盟大会通过了远东顾问委员会的两个报告书和一个决议。第一报告书虽然指出了日本对中国的军事行动违反了九国公约和巴黎公约，但未明确宣布日本是侵略者。第二报告书建议九国公约签字国举行会议，并与其他在远东

日本全面侵华战争的开端——卢沟桥事变

有特殊利益的国家合作，共同讨论解决办法。决议要求各国联成员国应各自考虑它所能对中国提供的援助，但没有实际的措施。

英国是召开九国会议的建议者，其目的在于将责任推卸给美国。美国——当年华盛顿会议的发起国自然不能拒绝参加会议，不过，美国也不想带这个头。英、美、法几个大国都不愿在自己国家召开会议，最终将会议地点选在了比利时。

1937年11月3日，会议在比利时首都布鲁塞尔召开。与会者19国，日本拒绝参加。经过20余天的讨论，会议最后通过的宣言只是重申九国公约的原则，并要求停止战争行动。日本是发动战争的侵略一方，中国是被迫抵抗的受害一方，会议甚至对这种最基本的区别也未敢指出。中国没有得到任何援助，日本也没有得到任何制裁，会议便草草收场了。

布鲁塞尔会议是一次彻底失败的会议，如果不开这次会议，至少日本还不能完全肯定欧美列强的态度到底如何。而会议期间，各国之间相互推诿的态度，让日本看出了这些国家的软弱，对外侵略、扩张的野心更狂妄了。

布鲁塞尔会议后，绥靖似乎成了英国、美国等国家的外交政策之一，尤其是英国在绥靖道路上走得更远一些。1938年5月2日，英日非法签订

历史的碎片

了关于中日海关的协定，规定日本占领区各海关所征一切关税、附加税及其他捐税，均存入日本正金银行；还规定自1937年9月起停付的日本部分庚子赔款，应即付给日本政府。这一协定严重损害了中国的主权，并使中国关税收入遭到很大的损失。

自1935年意大利入侵埃塞俄比亚，1936年德军开进莱茵非军事设防区，1937年日本发动全面侵华战争，亚非欧三大洲均被法西斯国家点燃了战争的烽火，法西斯国家侵略扩张的威胁已明显地摆在世界各国人民面前，但英法美等西方大国或出于自身的利害关系，或为了利用法西斯国家反苏反共，对法西斯国家的侵略采取了不同形式或不同程度的绥靖政策，它的直接后果是使法西斯国家胆子愈来愈大，对外扩张侵略的野心越来越大。

1937～1938年，新的经济危机爆发，这使还未从20世纪30年代初期的经济危机恢复过来的西方资本主义国家更加疲惫不堪，这也为法西斯国家的侵略扩张提供了新的良机。

纳粹德国乘机在欧洲抢占战略要地，向英法势力步步紧逼，然而英法则继续妥协退让，步步后退，终于导致了慕尼黑危机，将英法的绥靖政策推上了顶峰。

1937年11月5日，希特勒召集外交部长牛赖特、国防部长勃洛姆堡、陆军总司令弗里奇、海军总司令雷德尔、空军总司令戈林举行军事会议，希特勒在会上重申，要向东方夺取生存空间，以快速闪击战打击捷克斯洛伐克。当牛赖特、勃洛姆堡、弗里奇对这一计划的可行性提出疑问时，希特勒解除了他们的职位，亲自担任军事最高统帅，由冯·里宾特洛甫担任外交部长，由勃劳希契上将任陆军总司令。这一重要的人事变动，是希特勒向东扩张的信号。

1938年2月12日，希特勒召见奥地利总理许士尼格，要他立即使奥地利的纳粹党合法化，强迫他与自己合作，改组内阁。

在威逼利诱之下，许士尼格屈服了，但希特勒的无理要求遭到了奥地利人民的坚决反对。3月9日，许士尼格被迫宣布于3月13日举行公民投

票，以决定奥地利是否与德国合并问题。

消息传到德国，希特勒气愤不已，他发出最后通牒：许士尼格必须辞职，由赛斯—英夸脱任总理，否则，德军将在第二天开进奥地利。

许士尼格根据《圣日耳曼和约》，向有义务保障奥地利独立的英、法、意等国发出呼吁，但英国张伯伦政府却认为，德奥合并势在必行。法国当时正在进行议会选举，忙于内部争吵。意大利则表示事不关己。三国都不愿意支持奥地利而得罪德国。

眼看外援无助，许士尼格只好向希特勒屈服。德国坦克越过德奥边境，占领奥地利。3月14日，希特勒宣布奥地利为德国的一个邦。这样，希特勒就不费一枪一弹吞并了奥地利，为德国对外扩张建立了一个重要的战略据点。希特勒的下一个目标便直指捷克斯洛伐克了。

1938年5月19日，将重兵部署在德国—捷克斯洛伐克边境，作好了随时入侵的准备。面对德国的入侵威胁，捷克政府和人民为保卫祖国，立即实行局部

张伯伦与希特勒

动员，法国、英国、苏联等大国亦表示支持捷克政府。在这种形势下，希特勒不敢贸然入侵捷克，便命令德军撤离德捷边境。

不过，尽管英国、法国政府均宣布对捷克表示支持，但都没有真正支持捷克遏止德国侵略的决心。

不过，英国和法国也闻到了战争的气息。为了避免卷入战争，8月初，张伯伦派他的密友隆西门爵士出使捷克，劝说贝奈斯政府将苏台德区割让给德国。贝奈斯同意苏台德区自治，却不同意把它割让给德国。

英法两国对外的软弱本质暴露无遗，这使得希特勒胆子更大了，也提出了更高的要求。9月12日，希特勒表示，他对苏台德区的自治不感兴趣了，要武力征服捷克。与此同时，德国军队再次在捷克边境集结。

政治失误篇

希特勒的战争恫吓，使英国政府惊慌失措。9月15日，年已七旬的张伯伦亲自乘飞机飞往德国。他向希特勒许诺，他将努力劝说法、捷政府同意将苏台德区割让给德国。希特勒的战争恫吓初获成功。

回到伦敦，张伯伦立即与法国政府制定出一个方案，将捷克苏台德区中日耳曼人占50%以上的地区割让给德国，两国同时向捷克政府施加压力，强迫贝奈斯政府接受了这一方案。

9月22日，张伯伦第二次飞到德国，向希特勒宣布：他已经成功地与法、捷政府举行了谈判，三国政府准备同意割让苏台德区，并打算用对这个国家的剩余领土实行国际担保来取代捷法、捷苏条约。

张伯伦满以为他的努力会得到希特勒的赞赏，不料，希特勒又提高了要价——10月1日，德国军队将占领苏台德区的领土，连同所有完好无损的设施。

随后，希特勒下达了三军动员令。这不过是希特勒的战争恫吓而已，他也没有做好战争的准备。

1938年9月29日，英、法、德、意四国首脑张伯伦、达拉第、希特勒、墨索里尼在慕尼黑会晤，经9个小时的协商，当晚，《慕尼黑协定》——这个臭名昭著的协定正式签署了。

协定规定：捷克斯洛伐克从10月1日开始，在10天内把苏台德区等边境地区和与奥地利接壤的南部地区割让给德国，捷克斯洛伐克在这些地区的军事设施、厂矿企业，全部无偿交给德国，并将特青地区划归波兰，将卢西尼亚南部地区划归匈牙利。

捷克斯洛伐克被肢解，失去了360万居民、1.1万平方公里的国土、一半的重工业工厂和设备，以及它唯一的军事设施——捷克防线。这一切都是在背着捷克政府和人民的前提下进行的。捷克斯洛伐克就这样被英法的绥靖政策出卖了。绥靖政策导致了慕尼黑危机，慕尼黑危机也终于把英法的绥靖政策推上了顶峰。

但是，捷克斯洛伐克问题并没有因为《慕尼黑协定》的签订而结束。它对德国来说，是希特勒讹诈手腕的胜利，它使纳粹的侵略扩张合法化，

为它的进一步侵略扩张铺平了道路，对捷克来说，国土被分割，民族被分裂，造成了空前的悲剧，对英法来说，这种损人利己的做法并没有缓解同德国的矛盾。

事件影响

20世纪30年代，英国、法国对法西斯国家实施的绥靖政策，目的是为了免遭法西斯的侵略扩张，但是这种以妥协退让换和平的策略实际上只能纵容法西斯的侵略，甚至使战争更快地来临了。

然而，绥靖也是有限度的，即不危及英法等国的根本利益。当德国将英法的盟国逐一吞并和拉拢过去之后，波兰便成为英法在东欧的最后一个立足点，如果失去波兰，英法在东方牵制德国的力量将失去。

所以，当波兰受到德国威胁时，英法表示了强硬的态度，宣称无条件支持波兰的独立与安全。不过英法的绥靖政策在形式上有了一定的变化，但还没有发生质变。这是由于英法遭受经济危机的折磨，国力削弱，军事力量不足，并失去了与德抗衡的战略优势；更重要的是英法出于反苏反共心理，希望将德国这股祸水东引，诱导德国进攻苏联。

正因为如此，英法此时还没有决心采取足以制止德国侵略的具体措施。希特勒正是巧妙地利用了这一点，于4月3日秘密签发了入侵波兰的"白色方案"，要求德军在9月1日之前做好一切进攻准备，德波战争已不可避免。

而对于日本来说，慕尼黑会议后，看清了英国虚弱的本质，野心更加膨胀。1938年11月3日，日本宣布：帝国要建设确保东亚永久和平的新秩序，还要各国适应东亚的新形势。全中国已满足不了日本的胃口，其目标是整个东南亚。

1939年9月1日4时45分，德军以其6个装甲师、4个轻装甲师和4个摩托化师为主要突击力量，将波兰6个集团军约80万人击溃在波兰西部防线。而德国空军仅用3天就使波兰空军不复存在。德国装甲部队与空军构成的快速纵深挺进力量，将陈旧庞大的波军迅速撕裂、合围，至10月5

日，波兰战役即告结束。波军 6.6 万人阵亡，20 万人受伤，69.4 万人被俘，而德军仅伤亡 3 万余人，在短时间内消灭了英法最后一个同盟国。之后，希特勒启动了代号为"黄色方案"的计划，将重兵压在北海至瑞士一线，兵锋直指法国，然而法国仍执迷不悟，认为德国打败波兰后将东侵苏联，即使进攻法国，也需四五年以后。荷、比、卢三国却天真地认为，只要严守中立，就可免遭战祸。因此，直到 1940 年 3 月，盟军才嗅出战争的气味，但此时已悔之晚矣！敦刻尔克大撤退成为了绥靖政策的必然结果。

相关链接

莱茵非军事区

莱茵非军事区是莱茵河以东 50 公里区域。

这是一战后《凡尔赛和约》里的内容。《凡尔赛和约》是一战后战胜的协约国与德国的和约，大体内容包括：军事上德国禁止实行普遍义务兵役制，只能招募支援人员参军，只能保留 10 万陆军，不准拥有空军，海军只保留部分轻型水面舰艇（希特勒上台时德国只有 36 艘轻型水面舰艇），不准拥有大吨位舰艇和潜艇，莱茵河以东 50 公里内德国不得驻军设防，就是所谓的莱茵非军事区。

苏台德地区

严格地讲，苏台德地区并非一个地理概念，它大致包括三部分地区：

（1）捷克斯洛伐克东北部易北河与奥得河之间的苏台德山脉所在地区；

（2）捷克斯洛伐克西北部的奥雷山脉地区；

（3）捷克斯洛伐克西南部的波希米亚森林地区。它包括波西米亚、摩拉维亚与奥属西里西亚的部分地区。著名的旅游胜地卡罗维发利、克罗姆洛夫都在苏台德地区之内。

在第一次大战以前的数百年间，苏台德地区属于奥地利帝国及后来的奥匈帝国的领土，该地区以讲德语的居民为主，如奥地利帝国有名的拉德斯基元帅、施瓦岑伯格元帅都来自于此地区。第一次世界大战后，奥匈帝

国战败，该国被一分为三，即：奥地利、匈牙利和捷克斯洛伐克。苏台德地区归属捷克斯洛伐克，而当地350万讲德语的居民从奥匈帝国的主体民族，一下降为了捷克斯洛伐克的少数民族，这350万人并非是个小数目，要知道当今奥地利全国的居民也就是700多万。苏台德地区问题由此而起。

纳粹德国以苏台德为题，向第一次世界大战后的欧洲格局发起挑战。在慕尼黑会议后，在英法两国妥协和同意之下，捷克斯洛伐克被迫让纳粹德国占领该地，这助长了希特勒侵略中欧的野心。最后，德国在1939年入侵波兰，引起第二次世界大战。

庚子赔款

1900年（庚子年），义和拳运动在包括北京在内的中国北方部分地区达到高潮，大清帝国和国际列强开战，八国联军占领了北京紫禁城皇宫。1901年（辛丑年）9月，中国和11个国家达成了屈辱的《解决1900年动乱最后议定书》，也就是中国史称的《辛丑条约》。《辛丑条约》规定，中国从海关银等关税中拿出4亿5千万两白银赔偿各国，并以各国货币汇率结算，按4%的年息，分39年还清。这笔钱史称"庚子赔款"，西方人称为"拳乱赔款"（Boxer Indemnity）。

军事失误篇

纵览人类战争的历史，不难发现，尽管在战争初期已经制订了足够完善的计划，但是错误判断、不称职等情况常常会使战局发展情况与最初的设想完全不同。而战争的结局往往是无可挽回的，可能会使一个国家或民族彻底消失。

战术上的失误可能造成战争的惨败，但战略上的失误所造成的后果要严重很多，那些盲目自大、抱残守缺、目光短浅的思想更是使战争未打响之前就已经决定了失利的结局。

伯罗奔尼撒战争——两败俱伤结束希腊黄金时代

【时　　间】公元前431～公元前404年

【交战双方】以雅典为首的提洛同盟、以斯巴达为首的伯罗奔尼撒联盟

【失误简述】

公元前4世纪，曾经联合在一起共同对抗波斯人的希腊两联盟——提洛同盟和伯罗奔尼撒联盟之间发生战争。伯罗奔尼撒联盟的领导斯巴达人为了称霸希腊，不惜牺牲希腊的长远利益，同宿敌波斯联合对付提洛同盟，虽然斯巴达人赢得了战争的胜利，但留给自己的日子也不多了。更为严重的是，经此战之后，希腊的黄金时代宣告结束，境内战火不绝，后来终于

被外敌马其顿所灭。

事件背景

公元前490年，波斯王大流士率领十万大军入侵希腊，希波战争爆发。

当时，希腊雅典的军队只有一万人，但他们仍然选择了奋勇抵抗。双方军队在马拉松平原展开激战，波斯军队被击退了，希腊联军取得了胜利。

希波战争（油画）

公元前449年，希波战争结束，雅典政治领导人伯里克利为了纪念希腊战胜波斯的侵略，决定兴建帕特农神庙供奉雅典的保护神雅典娜。帕特农神庙于公元前447年动工，公元前438年启用，神庙建筑宏伟，被誉为"如灿烂阳光照耀的白昼"。神庙内的雕像精美，特别是左手握着盾牌，右手托着胜利女神小像，由著名雕刻家菲狄亚斯雕刻的头戴华丽高冠的雅典娜神像。

这一时期，古希腊文明达到鼎盛，著名的雕刻家菲狄亚斯、悲剧作家欧里庇得斯、喜剧作家阿里斯托芬、哲学家苏格拉底、诗人伊翁、医学家希波克拉底、历史学家希罗多德等人都生活在这个时期。

军事失误篇

但是，这光辉灿烂的时期却如昙花一现。雅典和斯巴达，这两个昔日在同一条战壕上共同对抗波斯侵略的兄弟之间发生了严重的冲突。

公元前431年3月，伯罗奔尼撒同盟成员底比斯袭击雅典盟邦布拉底，5月，斯巴达国王阿基达玛斯率军入侵提洛同盟国阿提卡，伯罗奔尼撒战争爆发。

古希腊神庙遗址

所谓提洛同盟，是希波战争中由希腊的自由城市自愿成立的一个同盟。希波战争50年后，这个同盟已经成为雅典保持和加强其在爱琴海的霸权的强制工具。

此外，雅典人还修建了一条很长的城墙，城墙将雅典与其海港比雷埃夫斯连在一起，使得这条对雅典来说俨如生命之路的地区不受陆上敌人的威胁。

伯罗奔尼撒同盟是提洛同盟的对抗者，斯巴达居于该同盟的领导地位。事实上，雅典和斯巴达之间的冲突早在公元前460年就开始了。触发的事件是米加蜡退出伯罗奔尼撒同盟投靠雅典。这场冲突从公元前460年一直持续到公元前446年，双方各有损伤，最终米加蜡又回到了伯罗奔尼撒联盟。

在签署和平条约时，双方觉得彼此力量均衡，所以决定互相尊重对方的联盟，在冲突情况下由一个裁判来决定谁对谁错。中立的城市国家被排除在这和平条约之外，这后来被证明是一个大错。公元前4世纪30年代，在希腊世界的边缘，一根导火线被点燃，其后发生的一系列事件最后引起了战争的爆发。

事件经过

公元前431年3月，伯罗奔尼撒盟国之一的底比斯对雅典盟邦布拉底

历史的碎片 85

人类历史上的重大失误

关于伯罗奔尼撒战争的美术作品

发动袭击，引起战端。同年5月，斯巴达国王阿基达玛斯率军入侵阿提卡，战争全面展开。斯巴达拥有步、骑兵约6万人；雅典拥有步、骑兵约3万人，另有战船300艘。斯巴达的战略是，发挥陆军优势攻占阿提卡，离间提洛同盟各成员国，以包围和孤立雅典。

当时，就地理环境而言，双方各自占有优势。雅典领导的同盟主要由爱琴海中的岛屿和滨海城市组成，因此它们的强处在于海战。雅典作为最大的海上霸权国家，主要依靠它的海军和同盟。雅典的海军最主要的是它的三列桨战舰。三列桨战舰是轻型战舰，实际上不能在深海中远航。其最大的一个弱点是，如果遇到不利的天气，必须在避风港躲避。而适当的避风港往往是港口城市，因此对于雅典的海军来说，同盟的港口是非常重要的。对雅典来说，提洛同盟对它的贸易和作战同样重要。

斯巴达的联盟主要由伯罗奔尼撒半岛和希腊中心地区的城市组成，它们是陆地国家，长矛兵是他们的主力军，也是军队精锐所在。

战争开始的时候，雅典人正在举行公民大会。在会上，伯里克利建议作两大部署：第一是将郊外的财产迁入城内，以使固守城池；第二是要海军在战争中发挥作用，同时不放松同盟者，因为同盟者所交纳的贡款是雅典力量的源泉。

伯里克利告诫人们，不要在战争中再追求扩大领土。他给人们算了一笔账，除了雅典国家的经常性收入外，每年同盟国交纳的贡款额平均为600塔兰特，同盟的存款余额尚有6000塔兰特。此外，还有各种资源总数不下500塔兰特。即使在极窘迫的时候，神庙中的钱，甚至包括雅典娜女神像上的金片，都可以拿来应急。至于军队，他们有1.3万名重装步兵，还有防守各地和雅典城的守军1.6万名，骑兵1.2万名，徒步射手1600

名；可以随时投入战争的舰队，有300条三列桨战舰，伯里克利使雅典人相信：最后的胜利是有把握的。

伯里克利的意见最终得到了雅典人的认可，城外公民举家搬进城中。同时，雅典人也对同盟国发出了号令，使100条准备开往伯罗奔尼撒的战船整装待发。

不久，斯巴达的军队推进到了阿提卡的边境小镇伊诺，但雅典人已经把财物转移到了城内，坚守不出。斯巴达人没有得到同雅典人交战的机会，就开始破坏埃莱夫西斯一带和色利亚平原，逐渐推进到了阿提卡的重要农业区，距雅典城不过6英里的阿卡奈。

斯巴达战士

不过，面对斯巴达军队的步步入侵，伯里克利也并没有坐以待毙，在坚守雅典城的同时，还经常派骑兵出击，防止敌人破坏雅典近郊的农村。雅典还派出100条战船绕伯罗奔尼撒半岛航行，途中又得到科尔居拉派来的50条战船和当地同盟国派出的一些战船的增援。

在阿提卡，斯巴达人寻找战机无果，而粮食日益供给困难，最后只好退兵了事。在伯里克利的率领下，雅典军侵入麦加里德，与航行到附近的雅典舰队汇合。进行战争的同时，雅典人积极开展外交工作，同色雷斯和马其顿订立了同盟。

但是，不甘心的斯巴达人于次年再次入侵阿提卡。不久，雅典发生了可怕的瘟疫，起初，医生们也不知道如何治疗这种病，又因为他们必须经常与病人接触，导致医生死亡的最多。雅典城内人群密集，使瘟疫更加难以控制。

无论强者弱者，只要染病都必定面临死亡，而感染疾病的苦痛更是一

人类历史上的重大失误

般人难以忍受的。最糟糕的是,当人们知道自己得了这种病,即陷于绝望。瘟疫使人们不再关心宗教和法律条文,雅典开始有了空前违法乱纪的情况。城内的人们在死亡线上挣扎,城外的田地被践踏。

这期间,伯里克利组织了一支有 100 条战船的舰队,远征伯罗奔尼撒半岛沿海地区和色雷斯的卡尔西斯及波提狄亚。

外有强敌,内有疾病威胁,雅典人对伯里克利表现出来不满的情绪。他们谴责他劝他们作战,认为他们所遭受的一切不幸都应该由他负责;他们渴望与斯巴达人讲和,但没有结果。

人们失望了,伯里克利成了他们发泄的地方,直到他们判处伯里克利一笔罚款才心满意足。不久,他们迫于形势的需要又选举他作将军,但不久伯里克利竟染病去世了。

公元前 427 年前后,米蒂利尼等城邦发生反雅典的起义,陆上形势对雅典不利。

公元前 425 年,雅典海军攻占美塞尼亚两岸的皮洛斯及其附近的斯法克蒂里亚岛,并煽动斯巴达的奴隶暴动,使斯巴达也陷入困境。

公元前 422 年,在爱琴海北岸重镇安姆菲波利斯,雅典人和斯巴达人展开了激战,雅典主战派首领克里昂和斯巴达将军伯拉西达均战死。次年双方签订《尼基阿斯和约》。

伯里克利像

和平条约的签订,并没意味着和平的到来。双方都没有履行他们的诺言,谁也不愿意交出土地。在签约后的几年中,虽然没有进行大的战役,但违反条约规定的事时有发生。

公元前 416 年,西西里岛的雅典盟邦与邻国发生战争,请求雅典出兵支援。公元前 415 年夏初,雅典声势浩大的备战工作完成,计有战舰 136 艘、重装步兵 5100 名、轻装步兵 1200 名和约 26000 名划桨手。这是雅典历史上规模最大的一次起航。

军事失误篇

远征军先在科西拉与盟国支援部队会合，然后驶抵南意大利。雅典远征军一到西西里就与叙拉古人展开了激战。由于长途跋涉和指挥官的优柔寡断，以及斯巴达人和科林斯人对叙拉古的支援，雅典几次胜机都没把握住，导致双方陷入对峙僵持状态。

公元前414年9月3日，双方发生激烈海战，76艘叙拉古战舰击败86艘雅典战舰，雅典骁将攸利密战死。次日，西西里港湾展开了一场激战，双方势均力敌，僵持不下，但最终因为雅典人的放弃而结束。失败的雅典人只得放弃战船，退向内陆。

第六天早晨，联军包围了德谟斯提尼的6000名雅典后卫，迫其投降，然后又追上尼西阿斯，双方主力发生激战。结果，疲惫不堪的雅典人全军覆灭。

西西里之战，雅典丧失了近5万人，国力大损。从此以后，雅典海上同盟开始瓦解，称霸希腊的梦想灰飞烟灭。

公元前410年，雅典新建舰队在阿比多斯附近连获两次胜利，但随后在诺蒂乌姆角附近战败。公元前406年，在波斯援助下组建的斯巴达舰队在靠近小亚细亚海岸的阿尔吉努西群岛附近被雅典人击溃。此后，波斯再次帮助斯巴达人重建舰队。

公元前405年，斯巴达舰队在埃戈斯波塔米附近的交战中击败雅典舰队。公元前404年4月，陷入海陆重围的雅典投降。胜利者斯巴达迫使雅典接受媾和条件，雅典人答应交出全部舰队，只保留12条担任警戒的船只；恢复被流放者的地位；服从斯巴达人的领导。合约于公元前404年4月正式签订生效，标志着伯罗奔尼撒战争落下帷幕。

伯罗奔尼撒战争的结果是：希腊所有国家——不论胜负，都遭到了严重破坏；希腊奴隶制度加速解体，希腊的国际威望下降，波斯的地位有新的加强。

公元前424年的安菲波里之战，雅典主战的克里昂不思作战，而只考虑撤退，撤退中又将弱点暴露在敌人面前，正好给了想要出奇制胜的斯巴达人以可乘之机。斯巴达人仅以损失7人的代价，换得雅典损兵折将600

人类历史上的重大失误

伯罗奔尼撒战争

人的胜利。反差之大，让人惊叹不已。

雅典人在战争初期的信心来自于他们雄厚的财力；而在战争后期，斯巴达人的长期围困，使雅典人失去了土地和牲畜，内有奴隶叛逃，外有盟邦造反和强敌在侧，雅典人危在旦夕。在叙拉古时，雅典人远离故土，不免常被补给困难所扰，而终于遭到了全军覆灭的厄运。斯巴达人在派罗斯失陷后，组织救援不力，又有后院起火，希洛人造反，以致雪上加霜，终于失利。

事件影响

在希腊历史上，伯罗奔尼撒战争有着重要地位，是一个重要的转折点。这场牵涉了该地区所有国家的"古代世界大战"过后，希腊的经典黄金时代也结束了。

战争促使小农经济与手工业者破产，不少城邦丧失了大批劳动力，土地荒芜，工商业停滞倒闭。大奴隶主、大土地所有者、投机商人和高利贷者乘虚而入，大肆兼并土地、聚敛财富和奴隶，中小奴隶制经济逐渐被吞没，代之而起的是以大地产、大手工业作坊主为代表的大奴隶主经济。大批公民破产，兵源减少，城邦的统治基础动摇了。贫民过着衣不蔽体、食

不果腹的生活，日益不满富人和豪强的统治。

柏拉图曾经写道："每个城邦，不管大小如何，都分成了两个敌对部分，一个是穷人的城邦，一个是富人的城邦。"

伯罗奔尼撒战争给希腊世界带来前所未有的破坏，因此，在斯巴达、科林斯等城邦都曾先后发生贫民起义。他们打死奴隶主，瓜分其财产，对奴隶主的统治造成了沉重的打击，进一步加速了希腊城邦的衰落。伯罗奔尼撒战争不仅结束了雅典的霸权，而且使整个希腊奴隶制城邦制度逐渐退出了历史舞台。

希腊的城市国家此前就已经不稳定的均衡关系彻底被打破了。公元前4世纪，提洛同盟虽然重建，但这个同盟与之前同盟相比就不可同日而语了。

斯巴达人为了称霸希腊，不惜牺牲希腊的长远利益，同宿敌波斯联合对付提洛同盟，加速了雅典的失败，但因此而留给自己的日子也不多了。之后，寡头政制在斯巴达推行，各邦民主势力同时遭到迫害。

寡头政治的蛮横统治又引起各国的强烈不满，许多城邦起兵反抗，伯罗奔尼撒同盟趋于瓦解。接着，几个比较强大的城邦如底比斯、雅典又为争夺希腊霸权继续战争。

公元前3世纪前半期，希腊境内战火不绝，在战争中，各邦力量消耗很大，以致最后为马其顿渔翁得利。

相关链接

希腊方阵

古希腊世界中的早期战斗模式主要是由贵族出身的战士之间进行的单兵格斗战。随着盔甲护具逐步从皮革制过渡到青铜制，士兵们的防护力得到了增强，但动作却变得愈加迟钝。特别是古希腊军队广泛装备的青铜圆盾沉重无比，必须以数道皮带绑缚在左臂上才能支撑得住，使用时甚为不便且只能防护身体的左侧面。

为了克服上述缺点，在军队的主力转为由非职业军人出身的有产市民

人类历史上的重大失误

构成后，为了互相掩护缺乏防护的身体右侧并有效地进行战斗，方阵战术大约在公元前7世纪左右应运而生。

公元前418年，斯巴达人在曼丁怪亚战场上为了使方阵步伐整齐，还专门建立了笛子队，步兵们踏着笛子的节奏而缓慢地前进。

公元前4世纪，方阵战术在马其顿国王腓力二世和他的继承者亚历山大的时代发展到了顶峰，基本队形变为手持6米长枪的16人纵队，并有骑兵和排成松散队形的轻步兵掩护配合。各兵种有机结合成原始的多兵种混成部队，在亚历山大王的东征中发挥了巨大的威力。

希腊方阵刻像

在亚历山大死后，马其顿方阵仍旧作为最强的步兵战斗队形留传下来，但亚历山大王创造出来的诸多战术却没能得到继续发展，反而停滞不前。步兵装备变得更为沉重，机动能力进一步退化，本该掩护方阵侧翼的骑兵部队却被削弱了。后来，马其顿王国和他们的方阵败给了罗马人和他们的无敌军团。

赤壁之战——统一大业终成泡影

【时　　间】公元208年

【交战双方】曹操集团、刘备集团、孙权集团

【失误简述】

公元207年，统一了中国北方大部分的曹操率20多万大军南下，却在赤壁一败涂地，统一全国的大业因此而成泡影，三国鼎立的局面不久形成，中国陷入近百年的分裂战乱状态。

事件背景

公元207年,曹操统一了北方。次年7月,又率领大军南下,准备先夺取荆州,进而攻取江东,实现全国统一。

时值荆州牧刘表新丧,其次子刘琮不战而降,使曹操轻而易举地占领了荆州,并获得了荆州的全部水师和大批物资。

建安十三年(公元208年)十月,曹操在进占荆州之后,统率20多万人,由襄阳和江陵两路并进,直逼江夏,声言以80万大军与孙权"会猎于吴"。

为了牵制孙权集团的兵力,打通长江沿岸的通道,曹操在向江夏进击的同时,还遣破虏将军李典自合肥进攻庐江郡(今安徽潜山);以平东将军陈登攻取丹阳郡(在今江苏南京);以威虏将军臧霸进攻吴郡(今江苏苏州)。这一战略计划和部署,显示了曹操最后与孙权决战的坚定决心。

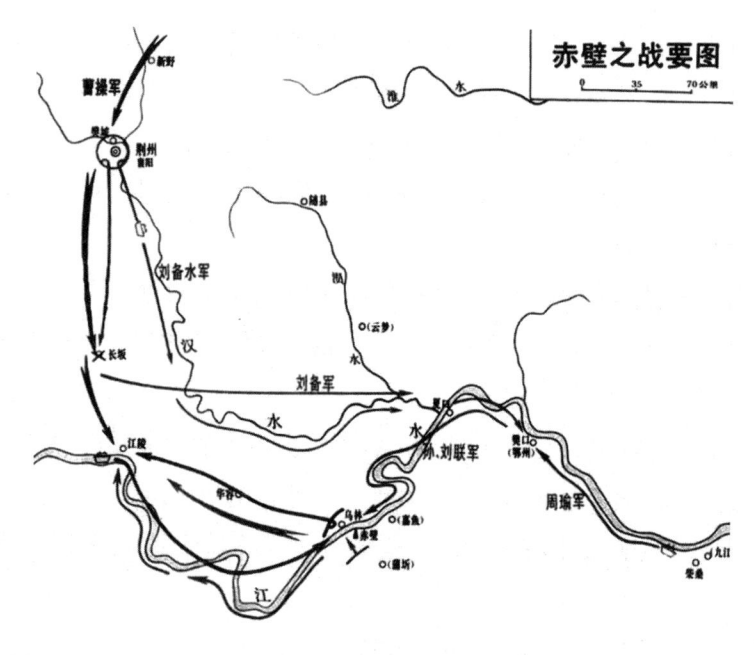

赤壁之战要图

割据江东的孙权,对于曹操亲率重兵来攻,也进行了详细的部署。他

首先打消了一些人惧怕曹操，主张投降的念头，坚定了抗曹的决心，然后采纳了鲁肃的建议，实行了与刘备联盟抗曹的战略，同时调将军周瑜率精兵猛将，水陆两军同时并进，迎击曹军于江夏。

为防止曹军袭击自己的侧背，孙权以庐江军中司马诸葛瑾和偏将军董袭防守庐江郡，以长史张昭和横江将军严峻防守当涂（今安徽当涂），以广陵左司马顾雍、丹阳太守孙静、校尉孙桓等加强京口、广陵等地的守备。孙权自己坐镇柴桑（今江西九江），集中主力，与曹军决战。

在之前被曹操打败的刘备，兵少势弱，无力单独与曹操抗衡。其军师诸葛亮建议与孙权集团联合，力争在江夏地区打败曹操，最终形成三足鼎立之势。刘备同意后，诸葛亮出使东吴，以激将之术，促使孙权坚定联合抗曹的决心。

事件经过

建安十三年（公元208年）十月，周瑜备战完毕，开始率军逆江而上，于樊口（今湖北鄂州）与刘备合兵一处。

十月初十中午，孙刘联军与曹军在赤壁（今湖北蒲圻西北长江南岸之赤矶山）相遇，初战，曹军先头部队战败，退至长江北岸，周瑜率军也退守南岸，与曹军隔岸相峙。

这时，曹操军中很多人得了病，便在乌林（赤壁对岸，今湖北洪湖东北长江北岸之乌林矶），扎下水陆大营，准备暂时休整部队，等到来年春天再战。

周瑜几次率军至江北曹营挑战，但曹操拒不出战。周瑜经过侦察，发现曹军已将其战船连接为营，军士在船上训练如走平地，非常方便。

周瑜部将黄盖见此情景，便向周瑜提出了诈降和火攻之计，获周瑜同意。

曹操收到降书，起初有些怀疑，但对送书人进行盘问之后，没有发现破绽，再看信中陈述的道理，也觉得合乎情理，遂相信黄盖是真心投降。当即约定了投降的时间和标志信号，一心等着黄盖来降。

军事失误篇

周瑜得知曹操中计，便命黄盖择日行动。同时，他命人准备了十艘引火船，船上装满了干柴，浇上油脂，用帐篷蒙起来，插上约定的投降旗号，并在每艘大船后面拴一条小船，准备放火之后人员返回之用。同年十一月十三日晚上，东南风大作，黄盖率领准备好的十艘船，向曹操北岸的水营驶去。曹操率领部下登上船甲板观看。

黄盖的船队距曹军水营越来越近，黄盖下令点火，当火势起来之后，黄盖命士卒跳上小船逃回。十艘火船撞上曹军大船。火借风势，风助火势，曹军战船一下子被点燃了。由于水陆军营相连，烈火又将岸上的陆营烧着。曹军士卒本已多病疲惫，遭此突然袭击，纷纷逃命，乱作一团，被烧死、溺死者不可胜数。

周瑜像

这时，周瑜率领东吴精锐部队在后面擂鼓急进，并派一支部队从洪湖登岸截击曹军。刘备命关羽、张飞、赵云等率水军截击逆江而退的曹操水军，并亲率其余部队登岸向乌林曹军营地进攻。

曹操见此情景，知道已无力扭转败局，便将剩余船只放火烧毁，率领部队和老弱残兵向西而去。曹操从华容（今湖北江陵东70公里）的小路撤向江陵时，又逢天降大雨，道路泥泞难行，辎重和马匹损失殆尽，遇到实在无法通行的路段，便命士卒以柴草垫路通过。这时，张辽、许褚率领的骑兵接应部队赶到，才解救曹操脱离困境。

曹操回至江陵不敢久留，便以征南将军曹仁、横野将军徐晃防守江陵，

历史的碎片

以折冲将军乐进防守襄阳，自率诸将返回北方。

孙刘联军在击破曹军后，即以水军主力逆江西上，进至巴丘（今湖南岳阳）附近，袭击了曹军的运粮船队，曹军将领任峻见势不妙，烧毁船队而逃。

周瑜、刘备等统率大军，追击曹军，到达江陵地区。刘备向周瑜建议，可率军由夏水进占夷陵（今湖北宜昌）截击曹仁的侧背，曹仁必定败走。周瑜拨给刘备两千多人，并派将军甘宁随刘备前往。刘备占领夷陵后，便率兵至江南，武陵（在今湖南常德）太守金旋、长沙（在今湖南长沙）太守韩玄、桂阳（在今湖南郴州）太守赵范、零陵（在今湖南永州）太守刘度等，皆投降刘备军。

曹仁听说甘宁占据了夷陵，便派兵前往围攻甘宁，甘宁兵微力单，紧急向周瑜求救。周瑜率部将吕蒙迅速解了夷陵之围，然后回师江陵渡江围攻曹仁军，相争一年，曹仁数战不利，损失较重，率军北退。

至此，曹操与孙权、刘备之间的赤壁大战以曹操损失近2/3的兵力，孙刘联军大胜而宣告结束。

赤壁之战的经验教训，历来为兵家所重视。

首先，在对敌我基本形势估计上，曹操在兵不血刃逼降刘琮、轻取荆州，击走刘备之后，骄傲轻敌的情绪进一步发展，陷入了过高估计自己、过低估计敌人的错误之中。这时的曹操，只看到自己的兵多将广，所向无敌，根本不把孙权集团、刘备集团放在眼中。他没有清醒地认识到，孙氏家族占据江东已历三世，地广人多，资源丰富，深得外来士族和当地士族势力的拥护，而且占有长江天险之利；而刘备在荆州地区时间虽不长，但基础与实力依然不能小视。

其次，在战略方针上，曹操在占领荆州，准备向江夏进兵之前，谋士贾诩就劝阻他不要立即进兵，首先应该巩固新占领的荆州地区，安抚百姓，恢复生产，收拢人心，建立起自己的统治权威，这样，就可以达到不战而屈人之兵的效果。但曹操却拒绝了这一绝妙之计，而一味想顺势东进。

另外，在这次大战中，曹操一改之前先弱后强、各个击破的一贯的作

战思想，没有先消灭刘备，再图谋孙权，结果给了孙权与刘备联兵的机会。

自古以来的战争经验证明，选择便于发扬自己长处，力避自己短处的作战方式，是获取主动、战胜敌人的重要条件。曹操军队以陆战为长，当占领荆州后，没有采取陆上进攻的方式谋取江东，而选择了水上作战。曹军虽在邺城玄武池中练过半年的水军，但池中的水军与浩瀚长江上的水军却难以相提并论。后虽有刘表的水军加入，但新降之众未经整顿，人心未稳，自然难以有相应的作战能力。曹操这种舍长就短的作战方式，正是犯了兵家作战之大忌。

事件影响

曹操以20多万大军的压倒性优势，却在赤壁一败涂地，统一全国的大业因此而成泡影，三国鼎立的局面不久形成，中国陷入近百年的分裂战乱状态。

相关链接

曹操，字孟德，小字阿瞒，一名吉利，沛国谯（今安徽亳州）人。中国东汉末年著名的军事家、政治家和诗人，三国时代魏国的奠基人和主要缔造者，后为魏王。其子曹丕称帝后，追尊他为魏武帝。

曹操一生征战，为尽快统一全国，在北方广泛屯田，兴修水利，对当时的农业生产恢复产生一定作用；他用人唯才，打破世族门第观念，抑制豪强，所统治的地区社会经济得到恢复和发展。此外，他还精于兵法，著有《孙子略解》《兵书接要》《孟德新书》等书。

曹操

人类历史上的重大失误

作为一代枭雄，他精通音律，善作诗歌，抒发政治抱负，并反映汉末人民的苦难生活，慷慨悲凉。

孙权，字仲谋，汉族，吴郡富春（今浙江富阳）人，三国时期吴国的开国皇帝。孙权是中国兵法家孙武的第22世后裔，长沙太守孙坚次子。生来紫髯碧眼，目有精光，方颐大口，形貌奇伟异于常人。自幼文武双全，早年随父兄征战天下。善骑射，年轻时常常乘马射虎，胆略超群。幼年跟随兄长孙策平定江东。公元200年，孙策早逝，孙权继位为江东之主。公元208年，孙权与刘备联盟，并于赤壁击败曹操，天下三分局面初步形成。公元219年孙权自刘备手中夺得荆州，使吴国的领土面积大大增加。公元222年孙权称吴王，公元229年称帝，正式建立吴国。

孙权

刘备，字玄德，涿郡涿县（今河北涿州）人，三国时期蜀汉开国皇帝。刘备是西汉中山靖王刘胜之后，刘弘之子。早年丧父，母亲以贩履织席为业。15岁时从师于当世大儒同郡卢植，并结识了公孙瓒。刘备平日沉默寡言，常恭敬待人，情感很少表露于外。喜欢和豪杰游侠交往。

东汉汉灵帝末年，刘备因起兵讨伐黄巾军有功而登上汉末政治舞台，三顾茅庐后始得诸葛亮辅佐。

公元208年，刘备与周瑜等大胜曹操于赤壁，其后得到荆州五郡，后又夺取益州。夺取汉中击退曹军后，刘备于公

刘备

98　历史的碎片

元219年7月自立为汉中王。

曹丕于公元220年10月逼迫汉献帝禅让帝位，蜀中又传言汉献帝已经遇害，刘备为了延续汉朝历史，振兴汉朝，完成自己的霸业，遂于公元221年在成都称帝，年号章武。次年为夺回荆州而伐东吴，结果被吴军火烧连营，损失惨重，退至白帝城。

公元223年，蜀汉开国皇帝刘备因病去世，享年63岁，谥号昭烈帝。庙号烈祖，史家又称他为先主。

四征高句丽——隋炀帝身亡国灭的耻辱之战

【时　　间】公元611～615年

【交战双方】隋朝、高句丽

【失误简介】

在中国长达5000年的历史上，和外族进行的战争不可胜数，其中，公元611～615年，隋炀帝远征高句丽的战争，是规模最大的对外战争之一。虽然隋炀帝杨广雄心勃勃，在战前作了充分准备，但因为多种原因，远征以失败而告终。而这次战争，也成为隋朝的一个转折点，使隋朝的统治迅速崩溃，从强盛走向灭亡。

事件背景

高句丽，位于当今的朝鲜半岛，国都在平壤城，亦名长安城。平壤城与国内城、汉城并称高句丽国的"三京"。隋朝时期，高句丽人占据着辽东大部，高句丽主世袭为辽东郡公。

隋朝建立初期，高句丽频频派遣使者入朝表示臣服。等到隋灭陈统一全国后，高句丽人深恐会成为下一个陈朝，于是便为拒守隋朝作精心准备。

隋开皇十七年，高句丽王高汤病死，其子高元继位。隋文帝随即遣使拜高元为上开府、仪同三司，袭爵辽东郡公。高元奉表谢恩，并请封自己

人类历史上的重大失误

隋文帝杨坚

为王。文帝特别优待他，册封高元为王。

当时在辽东，除高句丽外，还有百济、新罗、靺鞨等政权，它们均臣服于隋。高句丽虽也臣服于隋朝，但时常拉拢、讨伐其他国家。

开皇十八年，高元勾结靺鞨万余骑兵进犯辽西。隋文帝命小儿子汉王杨谅为元帅，率领水陆大军讨伐高句丽。虽然困难险阻重重，但隋军还是兵临平壤城下。高元惊恐万分，急忙遣使谢罪。

隋文帝认为此时讨伐高句丽时机还不够成熟，于是下令罢兵，待之如初，高句丽也岁岁遣使向隋朝朝贡，但反叛之心从未消除过。

隋文帝死后，杨广继位，是为隋炀帝。从继位那天开始，隋炀帝便决心攻打高句丽，其原因不是高句丽对他不臣服，而是隋炀帝要彻底地把高句丽变成隋朝的一部分。

大业三年（公元607年），隋炀帝下令修筑从陕西榆林到涿郡蓟城（北京）的驰道。这条驰道规格比秦朝驰道规格高许多。此外，杨广还下令修筑了两条以涿郡蓟城为交汇点的陆路干道：一条自南向北，一条由东往西。

大业四年（公元608年），隋炀帝再发河北诸军百余万开凿永济渠，引沁水南达于黄河，北通涿郡（今北京）。这是南北大运河中最长最重要的一段。隋炀帝在修运河的同时，还在运河两岸筑起御道，种上杨柳树。许多粮仓沿运河边而建，作为转运或贮粮之所。

大业五年（公元609年），在蓟城（北京）建临朔宫。

隋炀帝所做的这些事，都在为东征高句丽作着准备。

大业六年（公元610年），炀帝下诏明确地告诉大臣们，只有现在建立开疆拓土之功才能得封赐，其子孙才能世代享受恩德。

今京杭大运河京津段

大业七年（公元611年），隋炀帝下令动员全国士兵集中到涿州，粮草集中到辽西郡（今辽宁义县），准备讨伐高句丽。而这一年，黄河南北都发大水，30多个郡县受灾，饥民纷纷投奔荒山大泽。但民间征粮工作毫不放松。农民带着自备干粮，赶着牛车送粮，大多数连人带牛死于途中。没有牛车的人，二人合推一辆小车，可载米三石。沿途用米充饥，到达辽西时，已无剩余，无法缴纳，只好避罪逃亡，结果被朝廷指为盗贼。一面派兵征剿，一面逮捕他们的家属处刑，以期收杀一儆百之效。在这种情况下，许多走投无路的农民选择了武装抗暴之路。他们集结在一起，杀官抢粮，整个隋朝境内变得混乱不堪。

事件经过

公元612年，集中于涿郡的兵力已达113万。隋炀帝于是御驾亲征，第一次东征高句丽开始了。

辽东（今辽宁辽阳）是高句丽王国西境第一大城，在大隋军队的猛烈攻击下，城垣塌陷，高句丽守军悬白旗乞降。但是，是接受投降还是继续攻击，隋炀帝的旨意还没有下达，大隋将领只好停战，向御营报告。等到

人类历史上的重大失误

指示回来，高句丽守军已把缺口填住，恢复了抵抗。

就这样一连三次都被耽误，以致那个并不坚固的孤城，竟不可动摇。加之渡鸭绿江深入高句丽国境的另一支军队失败，隋炀帝只好狼狈撤退。第一次东征失败，损失了30万人。

公元613年，隋炀帝第二次御驾东征。这一次，辽东城无法抵抗大隋军队的进攻，眼看就要被攻下，可是隋朝大臣杨素之子杨玄感叛乱，杨广只得放弃辽东，回军平定叛乱，第二次东征也草草结束。

最终，杨玄感兵败而死，杨广还设立特别法庭处理杨玄感一党，经过大肆屠戮之后，隋炀帝以为大局已定，又可以第三次用兵高句丽了。然而此时全国已经一片沸腾，农民起义风起云涌，四方响应。

公元614年，隋炀帝又招来百官商议东征的事情，但一连几天，大臣们无人敢说话言论。面对当时形势再征天下兵员，或是各郡都留而不发，或是兵丁在路途中逃亡，因而兵力远不似前两次强盛。不过，持久的战争也使高句丽变得疲惫不堪，隋朝大军于是兵抵平壤城下，高句丽王急忙遣使求和。隋炀帝心理得以平衡，下令撤军回到东都。

隋炀帝回到洛阳后，要求高句丽王来进贡朝见时，却遭到了高句丽王的拒绝。隋炀帝大怒，打算第四次东征，可此时已是天下大乱，时局已经不允许他为所欲为了。

公元615年，隋炀帝从洛阳出发，先到汾阳宫（今山西宁武）避暑，避暑已毕，再徐徐北进，打算顺着御道前往涿郡，开始第四次军事行动。

位于北方的突厥汗国始毕可汗得到消息，亲统骑兵十余万，向隋炀帝发起突袭。隋军大败，退到雁门一带，被突厥团团围住。突厥大军猛烈攻城，流箭坠落到隋炀帝面前，城内存粮也所剩无几。

这个时候，隋炀帝登城巡视，向守城将士说："各位努力杀贼，只要能够脱险，凡随驾官兵，不要发愁不富贵。"

受此鼓励，守城将士奋勇杀敌，致使城池一直未被攻破。不久突厥内部发生事变，始毕可汗撤军。隋炀帝回到洛阳，心神稍定，但对当初所作的重赏有功将士的承诺，全部不认账，结果人心尽失。第四次东征也就此作罢。

102　历史的碎片

事件影响

隋炀帝东征，动用士卒百万之众，征集的民工数量更是远远大于此数，可以说，为了战争穷尽了天下的财力、物力和人力。不过归根结底，最苦的还是人民。

战争导致国家财源耗尽，民不聊生，"万户则城郭空虚，千里则烟火断绝"，社会经济陷入绝境。

另外，隋王朝也随着远征高句丽战争的不断升级而走向崩溃、瓦解。百姓受不了为发动战争进行的横征暴敛，纷纷起义。公元611年，王薄在长白山（今山东章丘）首举义旗，山东、河北广大地区的人民纷起响应，起义军多者十余万，少者数万人。公元616年前后，各地农民起义军逐渐会合为三大主力，即河北起义军、瓦岗起义军和江淮起义军。其中瓦岗军

瓦岗军占领兴洛仓放粮图

的力量最为强大，他们攻下兴洛仓，开仓赈济饥民，队伍迅速发展到数十万人。还发布檄文，声讨隋炀帝的十大罪状，文曰："罄南山之竹，书罪未穷；决东海之波，流恶难尽。"瓦岗军屡败洛阳敌军，声威大振。在不断高涨的起义浪潮中，隋炀帝杨广最终身死国灭。

相关链接

杨玄感兵变

杨玄感是隋开国功臣杨素之子，自幼饱读诗书，并且善于骑射，为官正直，很得时人尊敬。隋炀帝第二次征高句丽时，命其在黎阳督运粮草。

杨玄感目睹隋炀帝的暴政激起全国人民的不满，农民起义风起云涌，

而隋炀帝又率大军主力远在辽东前线，后方兵力空虚，于是就与王仲伯、赵怀义等人策划起兵。他们故意迟滞漕运，不按时发运军资，并派人暗中召回随隋炀帝到辽东的其弟杨玄纵、杨石和在长安的好友蒲山公李密秘密会商。

到了六月初三，杨玄感诈称在东莱（今山东掖县）海口的右骁卫大将军来护儿谋反，领兵占据黎阳，关闭城门，并向附近各郡发送文书，以讨伐来护儿为名，命各郡发兵会集黎阳。杨玄感任命赵怀义为卫州刺史、东光县尉元务本为黎州刺史，河内郡主为怀州刺史。并选精壮，杀三牲誓师，起兵反隋。

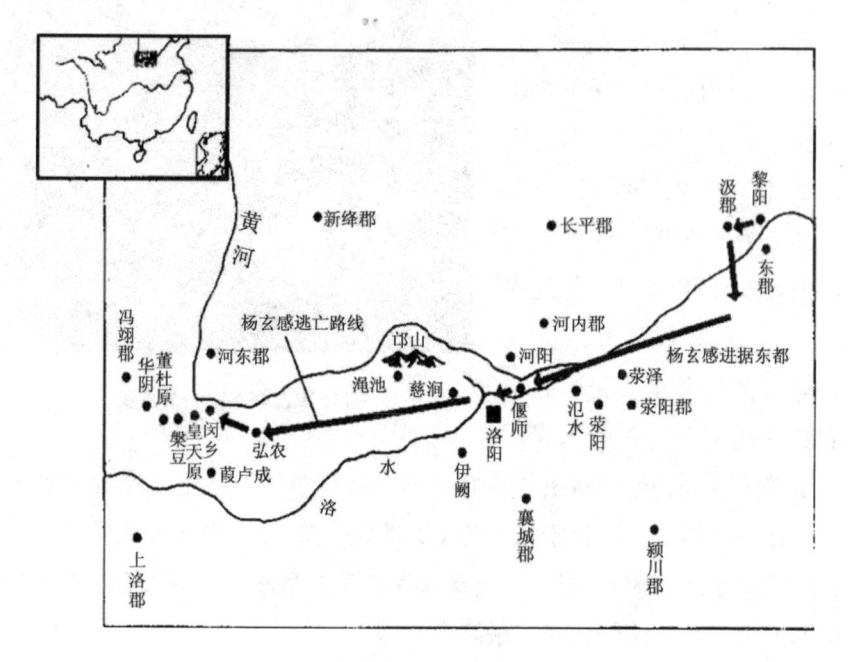

杨玄感兵变路线图

后来李密赶到，向杨玄感献上中下三计：但杨玄感却决定用下计，错误地认为打下东都才能大长士气，并可以抓获文武百官的家属作为人质，率兵向东都洛阳进发，但遭到顽强的抵抗，只好从汲郡（今河南淇县东）南渡黄河，继续向东都前进，很快到达偃师（今河南偃师东）。

杨玄感乃命其弟杨积善率兵3000从偃师以南沿洛水西进，杨玄挺自白司马坂（即白马山，在今河南洛阳北邙山北麓）越过邙山从南面向东都发起进攻，杨玄感率3000余人马紧随其后。十四日，杨玄挺直抵太阳门，将东都包围。

杨玄感亲率主力攻打东都，但一时无法攻破城池。这时，远在辽东的隋炀帝已率隋军主力回师，对包围洛阳的杨玄感形成反包围态势。

杨玄感军处于四面受敌的不利局面，于是接受李子雄、李密的建议，解除了对东都的包围，率军西进，准备夺取关中。至弘农宫（在今河南陕县）被弘谷太守杨智积用计牵制，耽误了宝贵的三天。及杨玄感军到达闾乡（今河南灵宝西北文乡）被宇文述、卫文升、来护儿、屈突通等各路隋军追上，杨玄感且战且退，一日内三败。八月初一，杨玄感在皇天原（即董杜原，在今河南灵宝县西北）列阵与隋军决战，杨玄感大败，仅率十余骑逃往上洛（今陕西洛南东南）。杨玄感自知大势已去，乃命杨积善将其杀死，起兵遂告失败。

杨玄感起兵虽以失败告终，但终究动摇了隋末渐趋腐败的统治，并且对隋末农民起义产生一定的推动作用。同时也使隋炀帝的二次东征高句丽以失败而告终。

怛罗斯之战——华夏文明退出中亚

【时　　间】公元751年

【交战双方】中国唐朝、阿拉伯帝国阿拔斯王朝

【失误简述】

怛罗斯之战，是唐玄宗时唐朝的势力与来自阿拉伯帝国、新兴的阿拔斯王朝（即黑衣大食）的势力在包含昭武九姓国、大小勃律、吐火罗在内的中亚诸国相遇而导致的战争。这是一场当时世界上最强大的东西方帝国间的碰撞，具有十分重大的历史意义。

战争的发生时间在公元751年7～8月，地点在中亚，结果以阿拔斯王

人类历史上的重大失误

朝胜利而结束。此役唐军损失惨重，两万人的安西精锐部队几乎全军覆没，阵亡和被俘各自近半，只有千余人得以生还。阿拉伯忙于平乱，对保住中亚心满意足，也未进一步扩张。华夏文明从此退出中亚，这一地区开始了整体伊斯兰化的过程。

事件背景

公元6～8世纪，西欧人将其称为"黑暗时代"。但是，这仅指西欧而言，因为在西欧之外的世界并不黑暗，当时，三个对后世有很大影响力的帝国并存着，创造了灿烂的文明。它们是拜占庭帝国、阿拉伯帝国和大唐帝国。

当时的中国，正是盛唐的天宝年间，处于前所未有的鼎盛时期。在唐玄宗李隆基统治的时期里，唐朝的国力达到了顶点，也进行了多次的对外用兵。尽管此时李隆基已日益沉迷于酒色之中，繁荣的社会表面下也隐伏着严重的危机，但大唐的国力和影响仍不可小视。

唐玄宗李隆基

在漫长的中国历史上，汉民族先民通过战争和文化融合，掌握了黄河流域（中原）和长江流域（江南）的土地。对汉民族而言，中原和江南以外的蛮荒之地是没有什么吸引力的——因为这些土地不能大面积种植农作物，而汉族的扩张多是因为不堪周边民族为争夺过去属于自己的领土而进行的屠杀、劫掠和骚扰，出于稳定本国疆土、以绝后患的目的才大举兴兵。

为了保卫长安必须占领河西，为了保卫河西必须控制青海，为了控制青海必须占领西域来分散吐蕃帝国的

军事失误篇

兵力，使其不能并兵向东扩张而已，就这个问题唐代名将郭元振和吐蕃大相论钦陵谈判过，如果吐蕃国放弃青海，唐帝国就放弃西域。

唐高宗年间，唐朝军队先后灭掉了东、西突厥汗国，伊吾（哈密）、鄯善、高昌、焉耆、龟兹、疏勒、于阗等西域小国，在此后的几十年中或被迫投降唐朝，或被武力灭国。唐朝从此建立了以安西四镇——龟兹（今新疆库车）、疏勒（今新疆喀什）、于阗（今新疆和田西南）、焉耆（今新疆焉耆西南）为核心的西域统治体系，安西都护府坐落在龟兹镇。

也就是在这个时期，中东的阿拉伯人也在迅速崛起。从阿拉伯半岛上的几个部落慢慢地扩张成一个横跨欧亚非三大洲的空前帝国，向西占领了整个北非和西班牙，向东则把整个西亚和大半个中亚揽入囊中，地中海成了阿拉伯人的内湖。阿拉伯帝国成为中国、吐蕃之外影响西域的另一支极强力量。

8世纪初，阿拉伯帝国在东方的最高长官哈贾吉·本·优素福应许他的两个大将——穆罕默德和古太白·伊本·穆斯林，谁首先踏上中国的领土，就任命谁做中国的长官。后来，前者征服了印度的边疆地区，后者征服了塔立甘、舒曼、塔哈斯坦、布哈拉等大片中亚地区，不过两者都未能踏上中国的土地。

阿拉伯帝国由于地理上的巨大优势，再加上唐军这个时期在青海与吐蕃国处于战争阶段，无暇顾及西域，阿拉伯帝国的影响力在西域越来越大，西域诸国原本大多信奉佛教、祆教或自己的传统宗教，对伊斯兰文化的东进感到不安，但他们更害怕穆斯林人用武力征服他们，于是，纷纷向唐王朝请求援助。

唐玄宗天宝初年，吐蕃以武力迫使小勃律（今克什米尔的吉尔吉特）与之联姻。由于小勃律地处吐蕃通往安西四镇的要道，于是西北20余国皆臣服于吐蕃，中断了对唐朝的进贡。

安西四镇节度使田仁琬奉旨讨伐，但三次讨伐均以失败告终。于是在天宝六年（公元747年）玄宗任命高仙芝为行营招讨使，率步骑一万进行长途远征。

人类历史上的重大失误

高仙芝从安西出发，仅用百余日便到达有万余吐蕃士兵守卫且地势险要的连云堡，高仙芝指挥下的唐军作战神勇，半天时间便攻占了该城。此后高仙芝率兵继续深入，平定了小勃律国，活捉小勃律国王及吐蕃公主。

此役之后，唐军在西域威名更盛，高仙芝也被提拔为安西四镇节度使。

天宝九年（公元750年），高仙芝再度奉命出军，将亲附吐蕃的车师国击破，其国王勃特没也被俘。

这两次艰难的远征使得高仙芝在西域获得了极大的声誉，也标志着唐朝在中亚的扩张达到了顶点。

此时，唐朝政府已经成为塔里木地区、伊犁河流域和伊塞克湖地区的占有人和塔什干的宗主，并控制了帕米尔山谷地区，成了吐火罗地区、喀布尔和克什米尔的保护者。

几乎同一时期，阿拉伯地区也发生了重大变化。750年，阿拔斯王朝取代了倭马亚王朝。在初步解决了吐蕃方面的问题之后，高仙芝打算利用这一良机，恢复唐朝在岭外地区的主权。

公元750年，唐朝统治者以西域藩国石国"无番臣礼"为由，遣唐安西节度使高仙芝领兵征讨，石国请求投降，高仙芝允诺和好。不久高仙芝违背承诺，攻占并血洗石国城池，掳走男丁，格杀老人、妇女和儿童，掠取财物，俘虏石国国王。

751年正月，高仙芝带着被俘的几位国王入朝，唐玄宗封其为右羽林大将军，并将石国国王斩首。侥幸逃脱的石国王子遂向阿拔斯王朝求救。阿拔斯王朝援军计划袭击唐朝西域四镇，高仙芝先发制人，主动进攻大食。高仙芝率领大唐联军长途奔袭，深入700余里，最后在怛罗斯与大食军队遭遇。

唐朝要在中亚树立霸权就必须击败阿拔斯军队，而阿拔斯军队要完全控制中亚则必须击败唐朝的挑战。

事件经过

当时，唐朝主将是高仙芝，副将李嗣业，别将段秀实，兵力为安西都

108　历史的碎片

护府两万人，外加盟军拔汗那以及葛逻禄部一万人，而怛罗斯之战居然出动安西都护府八成以上的兵马，堪称倾巢出动。

这说明高仙芝对和阿拉伯人的大战确有准备。唐军虽是马步混合部队，但是步兵平时以马代步，作战的时候才下马，行军速度较快。

唐朝时期，无论装备、素质还是将帅能力，中国的军队都达到了冷兵器时代的一个高峰。当时，唐军野战常用的阵形之一是锋矢阵，冲在最前面的是手执陌刀的轻装步兵，接着是步、骑兵突击，后列则有弓弩手仰射加以掩护。

在骑兵方面，则是轻重骑兵结合，武器一般为马槊和横刀。唐朝时期，灌钢法取代了百炼法，使铁制战刀更加锋锐。唐军的铠甲由具装铠演变为以明光铠为代表的唐十三铠，虽然质量减轻，但防御能力却大大增强。

身着明光铠的石俑

还有必须提到的一点是，唐军中使用了比弓箭威力更强大的弩。唐军一般使用四种弩，伏远弩射程约450米，擘张弩射程约345米，角弓弩射程约300米，单弓弩射程约240米，在不同范围均可以形成威胁。

阿拉伯方面，步兵列阵采

阿拉伯骑兵

用长矛配盾牌，骑兵的装备也是长矛加盾牌，并且装备弓箭。与唐朝军队相比，阿拉伯的唯一优势在于骑兵，阿拉伯马乃当时世界上最优秀的马种，呼罗珊又是波斯故地和阿拔斯王朝起家之处，当地战士性情剽悍，骑术精熟。对于两个王朝来说，唐军从安西深入七百余里作战，而怛罗斯也非阿拔王朝本土，这使战争的结局充满了未知因素。

　　天宝十年（公元751年）四月，高仙芝率军从安西出发，翻葱岭，越沙漠，经过了三个月的长途跋涉之后，到达了中亚名城怛罗斯（今哈萨克斯坦的江布尔城附近）城下，城中已经有阿拉伯军数千人抢先驻守，唐军只好开始围攻怛罗斯城。

　　在这之前，阿拔斯军队已经做好了攻击安西四镇的准备，所以，在接到高仙芝进攻的消息之后立即组织了十余万大军赶往怛罗斯城，双方在怛罗斯河两岸展开了决战。

　　在战斗中，唐军将士极其英勇，加上威力巨大的弩，曾经占得上风，阿拉伯联军先后七次进攻均被唐军步、骑兵压制住。阿拉伯军队一味依赖轻骑兵突击的弱点再次暴露无遗，这种战术在训练有素、阵形整齐的敌人面前很难奏效。不过，面对数倍于自己的敌军，高仙芝感到并无必胜的把握。

　　战斗持续了五天，双方仍是不分胜负。然而就在两军相持不下的重要时刻，形势发生突变。在第五天傍晚的激战中，唐军的葛逻禄部雇佣兵突然叛变，这成为战役的转折点。

　　叛军从背后包围了唐军步兵，断绝了他们与骑兵的联系。失去弓弩手支援的唐军阵脚顿时大乱。阿拉伯联军趁机出动重骑兵突击唐军阵营的中心，连日的征战加上内外夹击，唐军最终无法支撑，兵败如山倒。

　　高仙芝在夜色掩护下单骑逃脱，李嗣业、段秀实收拢散兵游勇向安西逃遁，途中恰逢与唐军联合作战的拔汗那兵也溃逃至此，造成兵马车辆拥挤堵塞道路。李嗣业恐阿拉伯追兵将及，不惜对盟军大打出手才杀开一条血路，残余唐军得以通过。

　　收拢残兵后，高仙芝对失败并不甘心，依然想进行一次反击，在李嗣

业等人的劝说之下终于放弃。最后高仙芝只得引残兵逃至安西。

此役唐军损失惨重，两万安息精锐部队几乎全军覆没，阵亡和被俘各自近半，只有千余人得以生还。但唐军也重创了阿拉伯部队，杀敌七万余人。慑于唐军所表现出的惊人战斗力，阿拉伯人并没有乘胜追击。

事件影响

怛罗斯战役之后，接踵而至的安史之乱和藩镇割据导致唐朝不再关注西域，并自此退出对中亚霸权的争夺。原本臣服于唐朝的中亚诸国转而臣服于阿拔斯王朝和吐蕃王朝。许多自汉代以来就已载入中国史籍甚至为中国属国的古国均落入阿拉伯人手中，中国势力范围缩小了一百余万平方公里。华夏文明从此退出中亚，这一地区开始了整体伊斯兰化的过程。

相关链接

高仙芝

高仙芝（？~756年），高句丽族人，唐朝著名军事将领。高仙芝少随父从军安西（今新疆库车），骁勇善骑射，20余岁即拜将军。为节度使夫蒙灵詧所重，开元末，荐为安西副都护、四镇都知兵马使。

吐蕃以女嫁小勃律（今克什米尔吉尔吉特雅辛河流域一带）国王，使其背叛唐朝，从而控制了唐西北20余国。唐军屡攻小勃律不克。天宝六年（747年），仙芝率万骑西讨，过播密川（今帕米尔高原南阿姆河支流喷赤河上游），拔吐蕃连云堡（今阿富汗东北部萨尔哈德附近），从坦驹岭（今巴基斯坦、克什米尔北部德尔果德山口）越兴都库什山，直下峻坂40余里。八月，平小勃律，威震西域诸国，以功擢安西四镇节度使。

天宝九年，高仙芝假装与石国（今苏联乌兹别克塔什干一带）约和，引兵偷袭，俘虏其国王，掠取珍宝，引起河中诸国不满。次年，石国王子奔大食（阿拉伯帝国）求援。高仙芝率唐军3万与大食军15万战于怛逻斯城，高仙芝所统之葛逻禄部叛变，与大食军夹攻唐军，唐军大败，高仙芝仅率数千人逃离战场。

在这次战役中，有许多中国人为伊斯兰军所俘虏，其中还包括制纸的工匠，这些人一路到达了撒马尔罕。于是，纸的制法就初次地传到了西方世界。

天宝十四年，安禄山发动叛乱，高仙芝奉命屯兵陕州（今河南三门峡西）备敌。因防守洛阳的封常清兵败西奔，高仙芝遂与之退保潼关（今陕西潼关东北），由于高仙芝平日拒绝监军边令诚的私人请托，令诚遂诬告奏高仙芝无故弃地及减截兵粮，致使高仙芝与封常清同于12月18日（756年1月24日）被冤杀。

无敌舰队覆灭——西班牙走向衰落

【时　　间】1588年
【交战双方】西班牙、英国
【失误简述】

为了争夺海上霸权，西班牙和英国于1588年8月在英吉利海峡进行了一场举世瞩目、激烈壮观的大海战。这次海战，西班牙军队实力强大，武器先进，战船威力巨大，且兵力达三万余人，号称为"最幸运的无敌舰队"。而当时英国军队规模不大，整个舰队的作战人员也只有九千多人。两军相比，众寡悬殊，西班牙明显占据绝对优势。但是，出人意料的是这场海战的结局以西班牙惨遭毁灭性的失败而告终，无敌舰队几乎全军覆没。从此以后西班牙急剧衰落，海上霸主的地位被英国取而代之。

事件背景

16世纪，哥伦布远涉重洋发现美洲大陆。从那以后，西班牙殖民主义者纷纷

西班牙国王腓力二世

涌到那里掠夺金银财宝,西班牙也因此成为欧洲最富有的海上帝国。

据统计,1545~1560年间,西班牙海军从海外运回的黄金即达5500千克,白银达24.6万千克。到16世纪末,世界贵重金属开采中的83%为西班牙所得。

为了保障海上交通线和在海外的利益,西班牙建立了一支拥有一百多艘战舰、三千余门大炮、数以万计士兵的强大海上舰队,最盛时舰队有千余艘舰船。在地中海和大西洋,这支舰队自由航行,无人敢拦,并自称为无敌舰队。

那时,英国资本主义还处于萌芽状态。轻工业的高速发展,迫使它急于寻找海外商业市场;舰船制造和航海技术的革新,使英国夺取殖民地的野心越来越大。

对于西班牙来说,自然不允许其他国家分占它来自殖民地的利益。英国的海上抢劫以及对美洲的掠夺,使西班牙对殖民地的垄断地位受到威胁,引起西班牙国王腓力二世的仇视。起先腓力二世不想诉诸武力,他勾结英国天主教势力,企图把信奉天主教的苏格兰女王玛丽扶上英国王位。

伊丽莎白女王

早在1568年,玛丽就因苏格兰政变而逃到英国,被伊丽莎白女王所囚禁。当英国的天主教徒在西班牙的怂恿下谋刺伊丽莎白而另立玛丽时,伊丽莎白乘机处死了玛丽。腓力二世谋杀不成,就决心用武力征服英国。

当时,与西班牙海上舰队相比,英国的实力还很弱小,只能靠海盗头子德雷克、豪金斯和雷利等人组织的海盗集团在海上袭击、拦劫西班牙运载金银的船只,进行海盗活动。

事件经过

1588年5月末,西班牙无敌舰队在西班牙公爵梅迪纳统率下从里斯本

扬帆出航。该舰队共有舰船134艘，船员和水手8000多人，摇桨奴隶2000多人，船上满载2.1万名步兵。显然，梅迪纳是要利用西班牙步兵的优势，运用传统战法冲撞敌舰，在强行登舰后进行肉搏，然后夺取英国船只。

然而西班牙人没有料到，无敌舰队出发不久，就在大西洋上遭遇风暴。狂风恶浪使帆船失去控制，水手们被晃得晕头转向，不善水战的步兵更是如同喝醉般站立不稳。这样，舰队只好返港避风。待到7月，舰队又踏着大西洋的滔滔海浪，一路浩浩荡荡地驶进英吉利海峡。

面对西班牙舰队，英国方面也做好了迎击准备，由霍华德勋爵任统帅，德雷克任副帅。英军共有197艘战舰，载有作战人员9000多人，全是船员和水手，没有步兵。英国的战舰性能虽不如西班牙，但由豪金斯作了改进，船体小、速度快、机动性强，而且火炮数量多、射程远。这种战舰既可以躲开西班牙射程不远的重型炮弹的轰击，又可以在远距离对敌舰开炮，以火炮优势制胜。

7月22日清晨，战争爆发，英军纵队列阵，迎着强劲的西南风，抢到横队列阵的无敌舰队上风位置，英军首先放过了西班牙舰队的前卫，继而发挥自己两舷的火力，重炮猛轰其后卫舰船。西班牙舰队阵脚大乱，节节败退。

西班牙无敌舰队与英国舰队对阵

23日拂晓，海上风向逆转，无敌舰队处在东北风上风头，于是他们以多围少，将英国最大军舰"凯旋"号重创。

25日，英国舰队与西班牙舰队再次展开激战，几小时后，双方尽管损失不大，但弹药基本上消耗光了。梅迪纳决定改变计划，向加莱前进。霍华德也率领舰队转向多维尔。此刻，弹药补给是双方都必须解决的问题，霍华德还可以从附近的港口获取一些补给，而无敌舰队则要困难得多，在未到达加莱之前，无法补充弹药。

26日黄昏，无敌舰队到达加莱附近海域，在加莱与格里斯尼兹港之间驻锚，英国舰队也随后赶来。鉴于无敌舰队弹药空虚，英国舰队放心大胆地在敌人长炮射程之内停泊，甚至一些英国舰只驶到敌轻武器射程的边缘线上，但西班牙人却无计可施。

28日凌晨，霍华德在旗舰"皇家方舟"号的主舱召开作战会议。因为攻击的时间紧迫，决定在舰队中挑选8艘200吨以下的小船，改装成大船，作为突击使用。

清晨，无敌舰队的哨兵发现几艘轻装船只向他们靠拢，突然，小船上发出熊熊火光，接着，无敌舰队的大小船只一片混乱，一些船已经被大火点燃。梅迪纳慌忙命令各舰砍断锚索，想等火船过去后，重新占领这个投锚地。但在混乱中，许多船只只顾夺路逃走，结果互相碰撞，全舰队开始溃散。

火船过后，梅迪纳命令所属各分舰队向加莱集中，但只有少数船只执行了命令，大多数船只由于刚才砍去两只锚，只靠剩下的一只锚已经系留不住，遂沿岸向东北方向的敦刻尔克漂去，而无法返回加莱。

霍华德立即命令舰队全速追击，在高速航行中，英国舰队与无敌舰队的距离逐渐缩短。考虑到自己的弹药也不是十分充足，霍华德命令舰队尽量靠近敌人，在保证弹无虚发、全部命中的短距离才开始实施炮击。

此时，无敌舰队已没有弹药储备了，英国舰队抓住这个弱点，把握风向，进退灵活，无所顾忌，连续不断地向敌舰发射大小炮弹。无敌舰队只有后退之力而无招架之功。

上午9时，在格南费里尼斯角双方再次展开激战。英国舰队步步紧逼，无敌舰队各舰距离越拉越大，秩序更加混乱。英国舰队各舰配合默契，很有章法。海战一直持续到下午6时，突然风向转变，霍华德及时命令舰队摆脱战斗，无敌舰队趁此机会，退出英吉利海峡。

整整一个星期的交战中，无敌舰队耗费了十万多发大型炮弹，而英国舰队无一遭到重创，只是阵亡了一名舰长和20余名水手。而西班牙仅仅在

人类历史上的重大失误

格南费里尼斯一战中就死伤1400余人。

7月29日黄昏，梅迪纳召集作战会议，权衡利弊后，决定如果风向有利，应再度设法控制英吉利海峡，否则只能绕道北海，返回西班牙。结果，风向始终未变，无敌舰队只得无奈地返回西班牙。

8月，在加莱东北海上英国舰队和西班牙舰队进行了二次会战。西班牙的战舰高耸在水面上，外形壮观，但运转不灵，虽然人数和吨位占优势，却成为英国战舰集中炮火轰击的明显目标。英国战舰行动轻快，在远距离开炮，炮火又猛又狠。无敌舰队许多舰只中弹起火。

西班牙开炮向英舰射击，却不能命中英舰，英国舰只尽可能避免进入西班牙火炮射程之内，在远处灵活闪避，活动自如。西班牙舰队的步兵和重炮无法在这样的远距离充分发挥作用。激烈的炮战持续了一整天，直到双方弹药用尽，轰击才告终止。无敌舰队被打得七零八落，两个分舰队的旗舰中弹、撞伤，一个分舰队司令被俘。

西班牙全线退却，英国舰队紧追不舍。8月8日，在格拉夫林子午线上，英国舰队又紧逼无敌舰队的50多艘军舰，以优势兵力发起攻击。在整个海战中，英舰始终保持着有利于自己的距离作战。而西班牙火炮射程近，只能力图靠近英舰队，以便进行接舷战。但在英舰强大火力面前，丝毫无法靠近。战斗持续到下午6时才以西班牙舰队受到重创而结束。这一战，无敌舰队被击沉16艘军舰，而英国军舰虽有一些损伤，但无一被击沉。

英西海战

无敌舰队集中起残余船只，从北面绕过不列颠群岛向西班牙驶去。英

国舰队虽取得胜利，但一些舰只受创，加之弹药消耗过大，霍华德命令停止追击。剩下的西班牙舰只乘着风势向北准备绕过苏格兰、爱尔兰回国。不幸的是受损的舰队抵达苏格兰西北岸的拉斯角时，遇到猛烈的大西洋风暴。战舰漏水、损坏，船员饥饿、生病，他们孤立无援地在海上随风漂泊。许多战舰撞上了岩石；另一些战舰进水下沉，消失在浪涛之中。还有一些战舰在爱尔兰海岸外失踪，数千人被淹死。许多好不容易登上爱尔兰海岸的幸存者也被杀死或饿死。

1588年10月，无敌舰队仅剩43艘残破船只返回西班牙，近乎全军覆没。而英舰损失很小，阵亡海员水手只有百人左右。

事件影响

虽然面对寡弱的对手，但强大的无敌舰队竟然变得不堪一击，原因之一是遇到了非常可怕而又无法战胜的大西洋的狂风巨浪，可以说是进军时机选择不当造成的。

在无敌舰队起航不久即遇到大西洋风暴的袭击，许多船只被毁坏，淡水从仓促制成的木桶中漏出，食物大量腐烂变质，水手们疲惫不堪，大多数步兵也因为晕船而失去战斗力。

无敌舰队的战斗力大大受到削弱。这样一支失去战斗力的舰队与英军开战，必然会导致厄运的发生。回国时，在苏格兰北部海域，西班牙舰队再次遇到大风暴，一些舰船又被海浪吞噬或触礁沉没。至此，无敌舰队几乎已全军覆没。

还有一个原因不容忽视，就是海战中的横陈战术已经过时，但西班牙仍然在决战中使用此技术，坚持接舷战，不知变通；在舰队上有许多武装士兵，还有神甫，但舰体笨重，机动性差，难以靠近英舰；而英国不仅炮手优秀，而且采取舷侧发射，并以其较长射程，避开与西班牙舰队的登船作战。西班牙舰炮射程近，不能毁伤英舰。而英国的舰队司令则指挥有方，舰船机动灵活，舰炮射程远，始终处于主动地位。

纵观世界战争史，许多国家的前途和命运都因一场海战而发生转折，

人类历史上的重大失误

如萨拉米斯海战之于波斯和希腊，阿克兴海战之于罗马和埃及。而1588年，海上霸主西班牙派遣自己的无敌舰队入侵英国最后失败，再一次证明了海战对这些国家历史发展的影响力。

这次海战之后，西班牙衰落，而英国一跃成为世界上最强大的国家。

相关链接

16世纪欧洲战船的装备及战术

16世纪的战船，与以前各世纪不同的一个主要因素即为重炮。尽管这种杀人的利器，从14世纪起即已开始装在船上，可是一直到15世纪，这种火炮才有足够的威力，能够一炮击毁当时的船只。这种兵器有明显不同的两种形式，一为前膛，一为后膛。后膛炮的原始形式是一种组合式的火炮，即由若干根铁棒所组成，它的药室与炮管是分开的，在发射之前，用螺旋装上去。当时，前膛炮一共有两种类型：加农和寇非林。

在16世纪开始时，在海上航行共有两种主要形式的船只。一为圆船，另一为长船。前者用以载运商品，后者则为标准的战船。但是不久，大洋的航行和火炮的进步又开始使船只的构造有了新的改变。在洋面上，风帆要比桨更重要，而用风帆的船只又更适于使用船舷上的火力。

火炮对海军战术的影响，要比对海军造船术的影响还大。在长船时代，主要的兵器为船头的撞角，而主要的战术行动即为硬撞。虽然在接近敌人时，快船是可以采取纵队形式的，可是攻击的队形却成横线，像陆战一样，战斗就是突袭或冲锋。在装有火炮的战船上，其主要的兵器——重型的毁船加农——不是装在船头上，而是在两舷。当它们接近敌人时，一定要调动位置，使其侧面对着敌船——对于旧时代的快船而言，这是一种自杀的行为。所以在攻击时，其位置是与原有前进路线成直角的，为了使这种调动有秩序，并集中打击力量对付敌人，在接近敌人时都采取纵队的阵形。

伊丽莎白一世

伊丽莎白一世，1533年9月7日出生于格林尼治，1603年3月24日逝世于萨里，1558年11月17日至1603年3月24日任英格兰和爱尔兰女王，

118　历史的碎片

是都铎王朝的第五位也是最后一位君主。她也是名义上的法国女王。

伊丽莎白一世即位时英格兰处于内部因宗教分裂的混乱状态，但她不但成功地保持了英格兰的统一，而且在经过近半个世纪的统治后，使英格兰成为欧洲最强大、最富有的国家之一。

1588年，西班牙无敌舰队向英格兰进发。伊丽莎白一世不顾各方对她个人安全的忧虑，在埃塞克斯郡提尔伯里不带卫兵不着盔甲检阅海军，并发表了历史上最著名的演说之一。此后借助地利及天气条件等，英格兰海军击溃了来犯的无敌舰队，伊丽莎白一世闻讯后只带了六个随从就离开要塞到镇上与她的臣民共同庆祝胜利。

与西班牙的战争给英格兰的经济重新带来了巨大的负担。从1590年开始英格兰再次负债。尤其爱尔兰的游击战给英格兰的经济带来了巨大损失，它被称为"英格兰国库的漏斗"。

到了伊丽莎白一世晚年，不得不确定继承人时，她越来越倾向她的表侄孙，即被她处死的苏格兰玛丽女王的儿子詹姆士。但她从未正式命名他为继承人。1603年3月24日，伊丽莎白一世死于萨里的列治文宫。她被安葬在西敏寺。伊丽莎白一世从未结婚，她的死结束了都铎王朝的统治。

西班牙王位继承战争——法国结束西欧霸权地位

【时　　间】1701～1714年

【交战双方】法国、西班牙、英国、神圣罗马帝国

【失误简述】

西班牙王位继承战争，是因为西班牙哈布斯堡王朝绝嗣，法国的波旁王室与奥地利的哈布斯堡王室为争夺西班牙王位而引发的一场欧洲大部分国家参与的大战。1700年，英、法、荷、奥等国围绕西班牙王位继承问题展开了激烈的斗争。然而这只是表面现象，深层的或最主要的则是诸列强借王位继承问题进行了一场空前规模的殖民地大掠夺，并且主要斗争矛头

人类历史上的重大失误

指向法国。

事件背景

18世纪初，法国在海外的殖民统治渐趋顶峰：在印度占据了本地治里等地；在非洲占领了马达加斯加；在北美，除继续加强在加拿大的殖民统治外，又在密西西比河流域建立了广大的路易斯安那殖民地。

有了这样多的殖民地，国王路易十四开始变得狂妄起来，在国内大兴土木，包括修建富丽堂皇的凡尔赛宫殿、开辟巨大的园林，以穷奢极欲来显示他的无限权威；不容法国人有天主教以外的信仰，以实现他梦寐以求的幻想，即在法国只能有"一个国王，一个法律，一个上帝"。对外方面，路易十四野心勃勃，力图扩张领土，其目标是：在法国的东北向外发展，以便取得易于攻守的天然疆界；把波旁王室的一个王公作为西班牙的国王，以扩大法国的力量并控制西班牙海外的殖民地。

法国国王路易十四

西班牙国王腓力五世

1700年11月1日，西班牙国王查理二世去世，他没有子嗣承继王位。按照亲属关系，既可由哈布斯堡王朝的人继承，也可以由波旁王朝的人继承（因查理二世属于哈布斯堡王朝旁系，但他又是路易十四的内弟）。

由于法国的积极活动，查理二世的遗

120　历史的碎片

嘱中要求把王位传给路易十四的一个孙子，但规定法、西不得合并。路易十四兴高采烈。因为，当时的西班牙除其本土外，还拥有意大利的大部分、西属尼德兰（今比利时），以及遍布美洲、亚洲、非洲的辽阔土地。这就是说，法国得到西班牙王位继承权，也就意味着可以得到更多的殖民利益。

1701年，法王宣布腓力为西班牙国王，称腓力五世。

法王路易十四的做法让许多国家感到不满，首先是奥地利。奥地利皇帝利奥波德一世企图让其次子查理大公继承西班牙的王位。英国也不能容忍法国独霸欧洲，而与荷兰结成反法联盟支持奥地利的查理大公继承西班牙王位。以后，普鲁士、德意志诸侯国、葡萄牙和萨伏依等国先后加入了这一同盟。西班牙和巴伐利亚、科隆等国家则与法国结盟。

战争爆发时，法国的陆军人数在欧洲处于首屈一指的地位，包括预备役在内，可组成40万人的战斗部队。然而其素质则不容乐观。路易十四经过长年征战，财政拮据，为筹战费，他竟不惜卖官鬻爵，尤其是在军队里。军政大臣也忽略了军队的训练及装备。而法国的敌人由于吸取了前几次战争的教训，重视军队质量，训练与装备精良，也足以与法军较短长了。

在军事将才上，联盟作战最关键的一环是如何组织盟军协同作战。以往协调不利。而这次战争中，反法联盟中涌现出了两位既善于协调、又精于用兵的杰出将领——马尔波罗伯爵约翰·丘吉尔和欧根亲王。

马尔波罗伯爵，1650年生于英格兰南部，17岁从军，历经多次海战与陆战。1701年西班牙王位继承战争爆发后，英王任命他为驻荷兰大使兼英荷联军总司令。他头脑冷静、聪明机智、判断准确，

马尔波罗伯爵

无论野战或攻城，不打无准备之仗。在这次战争中，指挥过大小10次战斗，战无不胜。防御在当时被认为是最好的战争形式，而他却尽量诱使敌人放弃防御，接受决战。他以事实证明"有活力的进攻才是最好的防御"。其杰出的军事思想与军事才能，使他深受同时代及后人的推崇。

与马尔波罗伯爵合作最融洽的联盟军中的将领，是另一位杰出将才欧根亲王。1661年，欧根出生于法国。年轻时在奥地利军中服役，指挥过30次战斗，不仅能征善战，而且长于与人合作，军队也都能服从他的指挥。

而法国此时军事人才方面则呈衰势。在众多将领中，唯一能称得上良将的只有范邦，而且还因与路易十四意见不合而不被重用。在这次战争中，那些平庸之将一开始就使法国的阵营陷于不利，也决定了路易十四时代法国军事颓势的到来。

事件经过

法国首先挑起战端，其于1701年3月进占西属尼德兰的一些要塞，神圣罗马帝国立即派欧根亲王集结了一支奥地利军队应战。

欧根采用了机动战术，即避开占据了隘路的法国守军，而避实就虚，不走大路，反取山径直趋意大利北部，威胁法军后路。法军担心被切断后路，于是撤退。欧根以较小的兵力，凭机动战术和智慧迫敌退兵，首战告捷。法军不得不易将再战，但仍以惨重伤亡代价结束初期阶段。

多瑙河上游及莱茵河流域是反法同盟军的主要作战。这些战斗中，双方互有胜负。其中1704年7月2日舒伦堡山之战，一支新兵种——掷弹兵部队发挥了决定性作用。此山有防御阵地，由法国的盟军巴伐利亚军队驻守，有12000人。同盟军7万人，由马尔波罗统帅前来夺取，不顾一切地强攻。进攻一方的最后冲锋是由英国几个营的掷弹兵担任主角，该兵种主要用来突击敌人阵地。

掷弹兵在英国备受重视，有着特殊的待遇和特权，配有统一的新式华丽的制服，戴着圆筒形高帽子。最后，敌阵终于被攻破，巴伐利亚守军除了千余人突围外，其余全被歼灭或俘虏。

1704年8月12日，马尔波罗、欧根同法国、巴伐利亚的军队在布兰亨又进行一次会战，取得了在南日耳曼地区的作战优势，迫使巴伐利亚脱离与法国的同盟。机动作战对同盟军取胜起到了关键作用。

1706年5月23日，马尔波罗率6万人阻击由络勒洛率领的同等数量的法军，双方激战于拉美里斯。

这次战斗中，马尔波罗不仅运用其典型的机动战术，而且还大胆地运用了当时欧洲大陆很少用的追击战术。当法军在敌方由于机动而成局部优势发生动摇时，马尔波罗乘势猛攻，致使法军溃退。

一般情况，战役进行到这一程度，胜方就将收兵打扫战场，但马尔波罗伯爵却指挥军队，穷追不舍，不遗余力。是役法军死伤8000人，被俘7000人；而同盟国方面只有1066人战死，633人负伤。马尔波罗乘胜攻取西属尼德兰安特卫普、敦刻尔克等许多要地。至1709年初，法军已退守本土。在陆战进行的同时，海上之战也在如火如荼地进行着。

1704年，英国从西班牙手中夺走了直布罗陀。西班牙的波旁国王准备立即将其夺回，并且请求位于土伦的法国舰队给予支援。

8月24日，两支舰队在韦莱斯马拉加外海相遇，马拉加海战爆发，法国有52艘战列舰，反法同盟舰队58艘，并且利用东北风占据了有利位置，两支舰队同时向南行驶，然后又向东驶去。

同盟国舰队一起离开，然后各国舰队便各自去寻找对手。结果，联合舰队的前卫与主队分离，中间留有相当大的空隙。于是法舰便企图仅仅靠战术运动突入这个空隙来隔离和孤立敌前卫舰。

马拉加海战进行得很激烈，从上午10时持续到下午5时。第二天因风向改变，法国舰队占据了上风位置，但是他们并没有利用这种有利时机去进攻。近乎一半的英国战舰已用完了舰上的全部弹药。甚至正当战斗还在继续进行时，同盟国舰队的几艘战舰就退出了战斗。

英国舰队安全地撤到了里斯本，途中舰队把多余的食品和弹药留在了直布罗陀。如果把这次战斗看做是法军获胜，可是这支舰队的指挥官图卢兹并没有下令乘胜追击，而是撤回了土伦，只派10艘战舰去支援对直布罗陀的攻击。结果图卢兹的计划落空了：所投入的分舰队最后全部被摧毁，并且陆上的进攻变成了一种封锁。

一位法国海军军官说道："随着这种失败，在法国出现了一种令人遗憾的反海军情绪。海军所创造的奇迹和所作出的巨大贡献也被彻底地遗忘了。人们已不再相信它的作用。相反，与国家有更直接关系的陆军却非常受倾慕和同情。当时盛行的一种错误想法即法国的兴衰依赖于莱茵河的某些阵位，持有这种想法对海洋事业是极为不利的，而海洋事业已使英国强盛，使我们衰败。"

海战皆败，失去海外商业利益，经济濒于崩溃，路易十四只好向对方求和。可是反法同盟此时却不肯作罢，结果激起法国和西班牙的民族热情，使他们由抱怨战争转而全力支持路易十四继续为尊严而战。于是反法同盟将面临的是人民战争，而不再仅仅是王朝战争了。

就在这时，法国时年50岁的韦拉斯元帅代替那些虽高贵而又得宠的庸将们开始统帅11万法军防守法国北部。

西班牙王位继承战争

1709年9月，韦拉斯来到马尔普拉凯，威胁马尔波罗的后勤线。盟军正渴望决战，于是立即接受挑战。

9月11日，战斗打响。韦拉斯并未像前任那样任凭马尔波罗诱引而陷于圈套，而是一开始就打乱了盟军的作战计划。而法国的新兵更显示了顽强的战斗力，一次又一次地将敌军击退。

此时，法国的战局开始向好的方向发展。1711年，奥地利的查理大公因其兄亡故而继承奥地利王位和神圣罗马帝国皇位，称查理六世。这使英国改变了态度，不再支持他获取西班牙王位的要求。荷兰也怕查理大公势力过大对己不利，遂于1713年4月在荷兰的乌得勒支与法国、西班牙签订《乌得勒支条约》，次年又签订《拉施塔特和约》。腓力五世被承认为西班牙国王。

根据和约，法国将早先侵占的西班牙在北美的部分领地划归英国，将阿卡迪亚殖民地割让给英国，英国将它改名为新斯科舍；法国承认了英国对纽芬兰和哈得逊湾周围地区的权利的要求。法国还割让一些地方给奥地利和荷兰，撤回驻洛林的军队。哈布斯堡王朝把意大利的大部分领土（撒丁岛、米兰公国、那不勒斯王国、托斯卡纳的一部分）、整个比利时、西属尼德兰和莱茵河地区部分领土（弗赖堡）并入自己的领地。西西里岛归属萨伏依。英国在西班牙除得到直布罗陀外，还有梅诺卡岛的一部分。

事件影响

1714年，西班牙王位继承战争结束。随着战争的结束，法国在西欧的霸权地位也宣告结束，一个强大的法兰西王朝军事机器从此衰落。根据和约，法国路易十四的孙子虽保有西班牙王位，但以他和他的后代永不能继承法国的王位为条件，并规定法西两国不能合并。

同时，法国在战争中数次失败，国民经济受到严重破坏，财政亏空，民不聊生，国力大为削弱，盛极一时的法国开始走下坡路了。

1715年，路易十五继承王位，法国国力进一步衰弱，年年入不敷出，岁岁国债增加，专制统治最后不得不走向崩溃，巴黎人民越来越觉醒，一场起义革命正在孕育之中。

人类历史上的重大失误

相关链接

法国国王路易十四

　　法国国王路易十四，波旁王朝的第三任国王，他的祖父亨利四世为波旁的江山打下了坚实的根基，他的父亲路易十三在黎塞留的辅佐下，开始争夺欧洲霸权。1643年，5岁的路易十四登上国王宝座，开始了他72年漫长的帝王生涯。

　　路易十四发动的大规模战争有四次：1665～1668年与西班牙的王后遗产战争，1672～1679年的荷兰战争，1688～1697年与奥地利皇帝为首的奥格斯堡同盟的战争，以及1701～1713年的西班牙王位继承战争。可以说，路易十四执政的年份一半以上都处于战争状态。在这一系列战争中，法国总是处于以少打多的局面，前两次战争法国以胜为主，取得了南尼德兰的一些领地。后两次战争，法国则以败居多。他打击的重点是荷兰，经过半个多世纪的消耗，17世纪的海上霸主——荷兰明显受到削弱，而过多专注于欧洲大陆上的争斗，也延缓了法国向海外扩张的步伐，结果是英国人坐收渔翁之利。路易十四时代正是英国人逐渐建立起海上霸权的时代。

日德兰海战——攻击至上思想的惨剧

【时　　间】1916年5～6月

【交战双方】英国、德国

【失误简述】

　　日德兰海战，是英德双方在丹麦日德兰半岛附近北海海域爆发的一场海战。这是第一次世界大战中最大规模的海战，也是这场战争中交战双方唯一一次全面出动舰队主力的决战。最终，英国皇家海军舰队成功地将德国海军封锁在了德国港口，使得后者在战争后期几乎毫无作为，最终取得了战略上的胜利。但是，从战术上说，英国舰队却被德国公海舰队以相对

军事失误篇

较少吨位的舰只损失击沉了数艘舰船。尤其是"无敌"号战列舰的沉没，反映出了英军在指挥和装备使用方面存在许多失误和问题，为海军和海战的发展提供了宝贵的经验教训。

事件背景

自19世纪初期以来，英国就一直保持着海上霸主的地位，它的庞大舰队在全球的海洋上任意航行，耀武扬威。

第一次世界大战爆发后，德国加大了对海军的投入，但无论在数量和排水吨位上都无法与英国相抗衡，火炮口径和数量也不及英方。因此，在战争开始后的两年半时间里，英国海军凭借其优势对德国实行海上封锁。英国的主力舰队驻扎在斯卡帕弗洛港，将德国的大洋舰队困在威廉港和不来梅港，使其无所作为。

1916年1月，莱因哈德·舍尔海军上将被任命为德国大洋舰队司令。面对实力强大的英主力舰队，舍尔认为，战争虽说是实力的较量，但摆在他面前的现实选择只有一个，要么困在港内无所作为，要么拼掉英主力舰队。

德国莱因哈德·舍尔海军上将

经过一番冥思苦想，舍尔想出了一个极富进攻性的大胆计划：首先以少数战列舰和巡洋舰袭击英国海岸，诱使部分英国舰队前出，然后集中大洋舰队主力聚歼，继而在决战中击败英国主力舰队。

事件经过

1916年5月31日凌晨，德国希佩尔海军中将按计划率领5艘战列巡

历史的碎片

人类历史上的重大失误

德海军中将弗南兹·冯·希佩尔

洋舰、5 艘轻巡洋舰和 30 艘驱逐舰组成的诱饵舰队驶出威廉港。

在希佩尔出发两小时后，舍尔亲自率领大洋舰队主力也悄悄地离开了威廉港。这是一支庞大的军队，由 21 艘战列舰、6 艘轻巡洋舰和 31 艘驱逐舰组成，隐蔽在诱饵舰队舰队之后 50 海里处，随时准备聚歼上钩之敌。

另外，一支由 16 艘大型潜艇、6 艘小型潜艇以及 10 艘大型"齐柏林"飞艇组成的侦察保障部队，已预先在英国海域和北海海域展开，严密监视英国海军动向。

从表面上看，舍尔的计划堪称完美，然而，他怎么也没想到，此次行动的天机已经泄露。这是因为 1914 年 8 月，俄国在芬兰湾口击沉德国"马格德堡"轻巡洋舰后，俄国潜水员在德国军舰残骸里，意外发现了一份德国海军的密码本和旗语手册，并将其提供给英国，使英国人轻而易举地破译了德国海军的无线电密码，知道了德国人的计划。

5 月 30 日下午，英国海军主力舰队司令约翰·杰利科海军上将接到一份来自伦敦的绝密情报："德国大洋舰队将于明日出航。"

获悉情报后，杰利科连夜制订出一个与舍尔如出一辙的作战计

英海军中将戴维德·贝蒂

划：贝蒂海军中将率领前卫舰队从苏格兰的罗赛思港出发，于 31 日下午到达挪威以东日德兰半岛附近海域，以期与德舰队相遇。杰利科则亲自率主力舰队从斯卡帕弗洛港出发，也于 31 日下午到达贝蒂舰队西北方向 60 海里处的海域，如果此刻贝蒂与德舰队交上火，在主动示弱后，他应将对方引向舰队主力的方向，这样杰利科庞大的舰群就会出现在德舰的侧后。凭借英舰队庞大的火力和速度，杰利科认为完全有把握歼灭出现在预想海域上的德国舰队。

5 月 30 日晚 20 时 30 分，杰利科亲率的由 24 艘战列舰、4 艘战列巡洋舰、20 艘巡洋舰和 50 艘驱逐舰组成的庞大舰群开出了斯卡帕弗洛港。之后，贝蒂率领由 4 艘战列舰、6 艘战列巡洋舰、14 艘轻巡洋舰和 27 艘驱逐舰组成的前卫舰队驶离了罗赛思港。

几小时后，设伏在罗赛思港外的德国潜艇向大洋舰队发回了敌人舰队出航的电报。而德国的诱饵舰队也早在英国人的监视之下。此时，无论是英军还是德军，都认为自己的计划已经正按预想的方向进行，而都未预料到对方舰队已经全数出动。更未预料到在不久之后，他们将亲自参与世界上最大规模的舰队决战。

遭到重创后的德军战列巡洋舰

人类历史上的重大失误

5月31日14时，贝蒂海军中将率领的英前卫舰队到达了合恩礁以北海域。此时，在贝蒂舰队以东的海面上，希佩尔海军中将率领的德前卫舰队也正按平行的航线向北行驶，其后40海里处是舍尔海军上将率领的德国大洋舰队主力。

贝蒂和希佩尔谁也不知道敌人就在自己不远处，如果不是一个偶然事件，双方也许会擦肩而过。14时20分，一艘丹麦籍货轮"弗约尔"号经过日德兰半岛以南海面时拉响了汽笛。随着一声尖厉的啸叫，一股浓浓的蒸气冲上天空。英巡洋舰"加拉蒂"号和德轻巡洋舰"埃尔平"号同时发现了这股异常的蒸气，并都前往查看。当两艘军舰看清这艘货轮时，也同时看到了对方，于是立即向各自舰队司令官发出警讯。

14时28分，"加拉蒂"号首先开炮，德舰"埃尔平"号也开炮还击，双方展开了一场短暂的炮战。

这幕序剧之后，一场总共有265艘各类型军舰（其中英国149艘，德国116艘）和10万名左右海军官兵，在400平方英里洋面上展开，日德兰大海战拉开了序幕。

希佩尔海军中将在他的旗舰"吕措夫"号上收到"埃尔平"号发现敌情的报告后，即下令所属各舰转向东南，尽量将贝蒂引向大洋舰队主力。贝蒂见状，便下令军舰追击。不过由于太心切，以至于手下4艘威力巨大的战列舰未能看清信号而掉队十多海里，结果，贝蒂对希佩尔本来是10∶5的实力降为6∶5。

15时45分，日德兰海面，英德海军的两支前卫舰队成同向异舷

海战中的英军水兵

130 历史的碎片

的航行状态，由于贝蒂的舰队在速度上稍快一些，他和希佩尔的距离越来越缩短。与此同时，双方的主力舰队——杰利科距其约20海里，舍尔距其约40海里。在希佩尔的引诱下，贝蒂浑然不觉正在驶向危险的境地。

当然，希佩尔也不知道在贝蒂舰队之外，跟随着英军的主力舰队。

15时48分，双方前卫舰队之间的战斗终于打响了。

当时德舰采用了先进的全舰统一方位射击指挥系统，所以火炮命中率远远高于英舰。另外，德军的穿甲弹威力也大于英军。双方交火后，德舰的第一次齐射就命中了贝蒂的舰队，贝蒂的旗舰"狮"号频频被击中。16时，一枚穿甲弹洞穿中"狮"号中部炮塔，并在塔内爆炸。

16时5分，英1.9万吨的战列巡洋舰"不倦"号被两枚穿甲弹击中，发生了惊人的大爆炸，不久就连同舰上1017名官兵沉没了。

之后，希佩尔下令集中火力猛轰英战列巡洋舰"玛丽女王"号，使这艘2.635万吨的超级无畏战舰连中数弹，最后断为两截沉入大洋。

短短几十分钟，英战列巡洋舰2沉1伤，而德军只损失了2艘小型驱逐舰。力量对比迅速发生逆转，英军的形势岌岌可危。好在掉队的4艘英国战列舰及时赶到，才解脱了贝蒂的困境。

面对大口径火炮的猛烈轰击，德国军队渐显吃力，希佩尔指挥他的战舰向东边打边撤，贝蒂紧追不舍。直到发现迎面而来的德国大洋舰队主力时，才发觉上当，急令他的舰队北撤，同时向杰利科发电呼救。舍尔见状下令舰队全线追击，但他万万没想到，自己钓上的"鱼"，也是他人布下的诱饵。急于复仇的希佩尔则率领部下冲在最前面。

18时左右，杰利科的主力舰队从东北方向杀入战场，发现了德大洋舰队的位置。杰利科立即命令舰队变换战斗队形，向东南方向的德大洋舰队猛扑过去。贝蒂舰队也调转航向，与希佩尔舰队展开激烈的搏杀。

18时20分，英舰密集的炮火将希佩尔的旗舰击中。而英国的两艘老式装甲舰也被德国的战列巡洋舰击中，一炸一沉。

18时33分，1.7万吨的英第三战列巡洋舰中队旗舰"无敌"号又被德舰击中，随即发生爆炸而沉入海底。

尽管战舰接连损失，但英国海军在舰船数量上依然保持着优势，加之杰利科成功地运用"T"字头战术，充分发挥了他的舰炮火力。而德方一艘接着一艘排成纵行的战舰，由于前面的战舰挡住了后面的射界，所以在发挥火炮威力方面大大受到了阻碍。

而此时，贝蒂率领的舰队已经插入到了德国舰队后方，使德军的处境更加困难。通过对俘虏的英国水兵的审问，舍尔终于发现他所面对的是整个英国主力舰队。他没有犹豫，果断地命令各舰转向右舷。

德国各舰依照命令都倒转航向，做了个180度的急转弯，撤出了战斗。由于通往德国本土基地的航路被贝蒂舰队切断，大洋舰队只得向西南方向行驶，这就是说大洋舰队跑得越远，离东南方向本土基地也就越远。

舍尔见杰利科没有实施追击，判断杰利科一定是把他的主力舰队部署到自己的返航航线上去了，这比追击更加可怕。于是，舍尔决定趁英国舰队变换队形时转身杀回去，从主力舰队的尾部实施突破，打破英军封锁，拼杀出一条血路，返回基地。

于是，舍尔下令再次让所有舰队转向，迎战杰利科。

晚上19时刚过，舍尔的舰队在杰利科舰队的左舷出现了。不幸的是，由于参谋们的计算误差，德国大洋舰队没有冲向英国主力舰队的尾部，而是直接撞入了英国主力舰队的中央，战场上又一次形成了对英国舰队有利的"T"字行作战态势。

另外，对德国舰队来说，还有一个不利的情况，那就是自己处于背向日落的方向，其轮廓被英军看得一清二楚，而英国主力舰队则隐没在烟雾之中。英国战列舰在7000米开外的距离开炮，德舰看不到英舰，只看到远方炮口处的闪光。舍尔眼见大洋舰队又一次陷入危机，立即下令施放烟幕和鱼雷，并命希佩尔的战列巡洋舰作死亡冲锋，掩护主力转向后撤。

在烟幕和希佩尔的掩护下，大洋舰队又一次脱离险境。当最后一批舰只从乱军中冲杀出来时，旗舰"吕措夫"号已千疮百孔，只好被迫放弃，将其自沉在大洋中。战列巡洋舰"毛奇"号上升起了希佩尔海军中将的指挥旗。

20时，天色已渐渐地黑了下来，杰利科担心受到德军鱼雷和水雷的攻击，便没有追击，他打算先将舍尔舰队围堵在返回其本土基地的航线外，待天明之后再一举歼灭。

舍尔同样明白，如果在夜间他的舰队不能冲出包围，那么天亮之后，德军舰队将有全军覆没的危险。经过仔细分析和推算，舍尔决定转向东南，趁夜从主力舰队的尾部冲杀过去，然后经合恩礁水道返回基地。为此，舍尔派遣所有能用的驱逐舰都去拦截英军主力舰队，以掩护大洋舰队突围。

德军所有的驱逐舰根据舍尔的命令，四处出击，拼死一搏，使英军舰队摸不着头脑，混乱不堪，杰利科也摸不清德军舰队究竟在哪个方向。

23时30分，大洋舰队和英军担任后卫的驱逐舰遭遇，这是日德兰大海战的最后一战。双方借助照明弹、探照灯和舰艇中弹的火光进行着漫无目标的射击和冲撞。

夜战中，英国的战列巡洋舰"黑太子"号误以为向其驶来的几个巨大黑影是友舰，便发出联络信号，结果招来4艘德国战列舰的一阵齐射，"黑太子"当即变成一团火球。

在战斗中，德国老式战列舰"波梅恩"号、轻巡洋舰"弗劳恩洛布"号和"罗斯托克"号被英国驱逐舰的鱼雷击沉，一艘轻巡洋舰"埃利宾"号同己方战列舰"波森"号意外相撞而沉没。

英国海军主力舰队司令约翰·杰利科

夜间战斗驱逐舰的损失是：英军5艘，德军2艘。

6月1日凌晨3时，德国舰队终于突出重围，向合恩礁水域驶去。合恩

礁水域是出入德国大洋舰队的基地——威廉港的必经之地。第一次世界大战爆发后，德国海军为了防御英国舰队的海上袭击，在此布下了无数水雷，这使得德国舰队摆脱了英军的追击，安全回到威廉港。

至此，日德兰大海战落下了帷幕。

此战英国舰队共损失3艘战列巡洋舰、3艘轻巡洋舰和8艘驱逐舰，战斗吨位达11.5万吨，伤亡6945人；德国舰队共损失了1艘老式战列舰、1艘战列巡洋舰、4艘轻巡洋舰和5艘驱逐舰，战斗吨位达6.1万吨，伤亡3058人。英德双方损失比近2:1。

事件影响

日德兰海战是战列舰时代规模最大也是最后一次舰队决战。在这次海战中，大炮巨舰主义遭到失败。此后，德国和其他海上强国开始研发争夺制海权的新型力量和探索新的战法。"二战"中出现的潜艇破袭战和航母海空决战正是这一探索的产物。

英国军舰前甲板，其火炮口径明显大于德国军舰火炮

海战结果的比较可以看出英德两国不同的设计思想。英国舰船注重的是火力和速度，装甲的防护力则放在其次，而德国舰船则恰好相反，为了追求更好的防护力，宁愿牺牲航速和武备。德国在技术上的熟练程度显然

胜过英国人。他们装有定时信管的穿甲弹穿过英国船壳爆炸，具有很大的破坏作用。英国炮弹往往碰上装甲即炸。英国方面使用的火药也存在着问题，其更易燃易爆。

英国皇家海军另一个致命的失误，就是在运送弹药时不关闭弹药舱门。在至关重要的防火系统方面，德海军更是优越得多。德国人很早就注意到了弹药储藏室和弹药输送机也能导致弹药库火灾，并对这两个部分进行了封闭改装，即使炮弹在炮塔里爆炸，也不会引起进一步的损害。而英国皇家海军却没有注意到这个问题，至少三艘英国战列巡洋舰的炸裂，是由于炮弹在炮塔里爆炸时，引起了下至火药甲板的一系列炸药的爆炸造成的，而没有一艘德国船因这类缺陷而沉没。

同样，双方运送发射药包使用的容器也有区别，德国人对发射药用金属容器封闭运送，而英国人则仅仅用蚕丝口袋包裹。德国船的上甲板在长射程的炮战中提供了较好的防护，鱼雷在它们加固了的舷侧爆炸，造成的损伤也较小。而且，德国在信号技术、测距和夜战设备方面也比英国舰船先进。英国海军设计师集中注意力于速度和大口径大炮，而忽视了其他必要的改进，在这次战斗中皇家海军的这种缺陷是很明显的。

1918年初，贝蒂在海军部的一次会议上说，"现在必须认为，德国的战列巡洋舰中队的确比我们的优越"。

此次战役是第一次世界大战中最大规模的海战，它令德国最后一次主动突破协约国在北海对德国封锁的努力失败。自此，在第一次世界大战中德国海军不敢与协约国的海军正面交锋，只能以潜水艇击沉舰艇，其后发展至无限制潜艇战。

而对英国来说，此海战影响更大。尤其是"无敌"级战列巡洋舰的沉没，更给英海军很大的教训。可以说，这种战列舰完全是为了满足英国海军的需要而设计建造的，本身带有浓厚的英国色彩。

"无敌"级战列巡洋舰第一次在战舰上实现了强火力和高机动的结合，顺应了当时装备发展的潮流，并开创了战列巡洋舰风光一时的局面。它的出现，使当时皇家海军拥有的35艘（世界总数超过100艘）装甲巡洋舰成

英国"无敌"级战列巡洋舰

为过时武器。

可以认为,第一次世界大战爆发时,德国海军正是因为认识到英国海军在战列巡洋舰数量上占有较大的优势(战争爆发时的英国9艘,德国5艘),而不敢贸然派遣水面舰队,袭扰和破坏对方的海上生命线。在大战的4年时间内,除了几次零星的袭击外,德国水面舰队基本没有对英国海上航运造成值得一提的损失,但潜艇造成的损失依然很大。

"无敌"舰最后的沉没,反映出皇家海军在指挥和装备使用方面存在问题:该舰取得的辉煌战绩迷惑了大多数海军上层人物的判断力,加上对根深蒂固的攻击至上传统的推崇,使得他们忽略了"无敌"的致命弱点。这种做法造成的致命损失,"无敌"既不是第一个,也不是最后一个。

不重视防护能力的战舰,在大规模海战中是难以生存的,这是"无敌"号战列舰留给世界海军最后、也是最深刻的教训。于是,包括英国在内的各国舰船设计人员开始更加强调战舰的生存能力,此后设计建造的战列舰和战列巡洋舰均不同程度地将防护性能提高到一个新的水平。

相关链接

莱因哈德·舍尔

1863年9月30日,舍尔出生于汉诺威的奥本科岑。1879年4月22日,他作为海军军校生加入德意志帝国海军,并在1880年6月15日成为海军候补军官。1882年11月16日,舍尔成为海军少尉。1885年11月15日,晋升为海军中尉。在19世纪80年代,他建立了作为鱼雷专家的声望。1893年4月10日,成为海军上尉。1900年4月9日,舍尔成为海军少校,并在1904年1月27日和1905年3月21日分别晋升为海军中校和海军上

校。1907年，舍尔开始担任战列舰舰长。1910年1月27日，舍尔成为海军少将。随后，舍尔被当时的公海舰队的司令海宁·冯·霍尔登道夫任命为参谋长。

三年后，舍尔成为第二战斗集群的指挥官，并在1913年12月9日晋升为中将。作为潜艇作战的强力支持者，自1914年8月宣战后，舍尔就一直过于高估潜艇在接下来的战争中的作用。

1916年参加日德兰海战，1918年8月8日，舍尔取代豪森道夫被任命为海军部部长，成为德国海军最高指挥官。舍尔随后顶住压力，给海军建立了一个统一的指挥系统。在战争结束以前，舍尔计划对英国舰队发动大胆的进攻，通过一个决定性的胜利来突破围困，但这一计划被认为更像一个自杀性计划。这个计划由于基尔水兵起义搁置下来，没有被执行。11月9日，舍尔被威廉二世免职。在12月新的德国共和政府成立后，舍尔于12月17日正式退役。

约翰·杰利科

约翰·杰利科，1859年12月5日出生在英国南安普敦，父亲为一艘商船的船长。13岁进入英国皇家海军。1874年，他在海军学校受训完毕，成为一名候补军官。1880年，他晋升中尉并在1882年的埃及战争中服役。

1883年，杰利科从格林尼治皇家海军学院的射击专业毕业。1884年，他成为英国战舰"优异"号上称职的火炮射击军官，军衔中尉。1886年～1888年，他在战舰"国王"号上任射击上尉。1890年任海军部军械署长助理，后在地中海舰队海军上将乔治·特赖恩爵士的旗舰"维多利亚"号上任舰长。在1893年6月22日于贝鲁特举行的海上演习中，由于乔治·特赖恩爵士的错误转向命令，他在明知要被撞沉的情况下，再三确认后被迫执行转向命令。结果不出所料被撞沉了，包括特赖恩上将在内共有358名军人遇难，杰利科以预先有准备得以死里逃生。事后军事法庭审判以军令不可违宽恕了他。1896年，他在地中海舰队的"拉米伊"号上服役。

1897年元旦，杰利科晋升为海军上校，开始在军械委员会任职。1898年，任英国战舰"森都里安"号的指挥官。1900年6月，他作为海军上将

爱德华·西蒙率领的分舰队旗舰舰长来到中国。在镇压义和团运动中，他在陆上身负重伤。伤愈后任海军部第三大臣助理，并于1903年8月被任命为装甲巡洋舰"德雷克"号的指挥官。

1905～1907年间，杰利科担任海军部军械署长。1907年8月，晋升为海军少将，在大西洋舰队任职。1908年，返回海军部，任第三海军大臣，负责海军军械的现代化和无畏级战舰的装备计划。1910年12月，杰利科晋升为海军副中将，指挥大西洋舰队。后调回国内舰队，任第二分舰队司令。1911年11月，获批准正式成为海军中将，任大舰队副司令。1913年，杰利科成为海军部第二大臣。不久，他在乔治·卡拉汉爵士之下任本土舰队副司令官。

1915年3月，约翰·杰利科晋升为海军上将。1919年，晋升为海军元帅，并在12月获封为斯卡帕的杰利科子爵。1920～1924年间，杰利科担任新西兰总督，并于1925年获封伯爵和南安普敦的布罗卡斯子爵。1928～1932年间，他担任英国皇家军团的会长。

杰利科出版了很多著作，其中包括了1919年出版的《1914～1916年的大舰队》和1921年出版的《决定性的海战》。约翰·杰利科爵士死于1935年11月20日，葬于圣保罗教堂的墓地。

马其诺防线——毫无用武之地的坚固防线

【时　　间】1940年

【交战双方】德国、法国

【失误简述】

在第一次世界大战中凡尔登会战的经验影响下，法国人为了防御德国人的进攻，在双方的边界上修筑了马其诺防线。可以说，马其诺防线的修建是法国人的一个骄傲，这个欧洲最为庞大的工程项目将筑城技术发挥到了极致，法国人将国家安全完全寄托其上并非毫无道理。

如此一条坚固的防线，完全断绝了敌人从侧翼迂回的可能性，敌人只有在付出惨痛代价的情况下才可能达成突破，法军在使用少量兵力守备防线的情况下，可以调集尽可能多的预备队对来犯之敌进行痛击，这虽然是完美的设想，但是在1940年，德军却绕过了这条坚固的防线，使得被寄予希望的马其诺防线失去了用武之地。这可以说是对法国人战略失误的一个巨大嘲讽。

事件背景

第一次世界大战结束后，法国虽然为战胜国，但也付出了惨重的代价。军队伤亡超过600万人，北部省份被战争摧毁，国家背上沉重的战争债务。惨痛的教训使法国民众陷入一种极端的情绪中，那就是必须不惜一切代价阻止敌人的再次侵略。

所以，在战后，法国政府一方面准备给德国强加一个惩罚性和平条约以阻止它再度威胁法国时，另一方面开始考虑采取何种军事措施在未来可能的入侵中保卫法国。

当时军政高层分成两派。一派的代表人物是福煦元帅，一战结束时的盟军最高指挥官，他认为最好的防御就是进攻。德国一旦再次威胁法国，法国应该立刻跨过莱茵河进行攻击。

另一派则与之完全相反，他们宣称大战中特别是凡尔登会战的经验，证明了坚固的永备防御工事和要塞的优越性，在强大炮火的掩护下，它们能给攻击部队造成巨大的损失。他们认为，法国最好能有一系列要塞构成的战略防线抵御

1916年凡尔登战场堑壕

人类历史上的重大失误

入侵，直到盟国能提供援助，以联合封锁来扼杀德国。1930年，安德烈·马其诺担任法国国防部长，他将其前任综合了福煦、贝当和晓夫勒三位元帅争论多年的防御计划交由议会讨论，最终后一种意见占了上风。在这种背景下，一条长约700公里、耗资近50亿法郎的军事防线建成了。这就是以马其诺的名字命名的闻名于世的马其诺防线。

马其诺防线工事南起地中海沿岸法意边境、北至北海之滨的法比边境，由一组组相互独立的筑垒式防御工事群构成。

事件经过

1929年，马其诺防线开始修建，来自法国殖民地的大量劳工日夜劳作，从1929年到1935年，总共用了6年时间才将工程的主体部分基本完成。由北往南，依山傍河，长达700多公里，与德国齐格菲防线相对。

马其诺防线工程非常浩大，共建有大型要塞工事44个，开挖地下坑道100公里，大小碉堡则有1533个之多。马其诺防线全线共部署344门火炮，建有152个炮塔和1533个碉堡，所建地下坑道全长达100公里，道路和铁路总长450公里。该防线土方工程量达1200万立方米，耗混凝土约150万立方米，耗钢铁量达15万吨，工程总造价近50亿法郎（1940年），相当于当时全法国一年的财政预算。

此外，马其诺防线技术之先进也令人叹为观止。每一组工事包括一个主体工事和一些观察哨所，相互间以电话联系。主体工事一般距地面30米，指挥部、炮塔、发电设备、修理设备、医院、食堂、宿舍等各类设施非常齐全，工事外面则密布金属柱、铁丝网，号称固若金汤。

在马其诺防线中，火炮指挥系统代表了该防战技术的最高水平。伸出地面重达好几吨的活动炮塔，可以上下自由升降和进行360°旋转。而这些，完全可以让一名女士在一架庞大的机械设备的帮助下轻易完成。

如果战事来临，炮塔升出地面，可以向来自任何方向的敌人射击。平时则可以将炮塔降到与地面齐平，不注意根本不会发现这里潜藏着一门大炮。敌人进攻时，分布在工事各重要观察哨所的士兵可以用潜望镜观察敌

情，并向工事内部的炮兵指挥部报告。指挥部则将敌情位置加以分析，随后通过一套机械传输系统将数据传送到炮塔指挥所，再由指挥所根据指挥部的指令调整火炮角度，向敌人实施准确打击。

这一连串的动作只需短短的几分钟就可完成。在要塞内部还建有窄轨铁路，战时可用小火车将弹药补给及时运送到各个作战点。弹药、粮食以及发电燃油储备充足，可以保证士兵坚守三个月而无须出洞一步。

马其诺防线的炮台

为避免长时间在阴暗潮湿的地下生活造成士兵体质下降，建设者们还在要塞内部装上暖气系统，以保证洞穴的干燥和恒温。每一个要塞里都建有一个大厅，平时用来放电影、演话剧。一旦遇上战事长时间无法出去，士兵们则可以到这里接受由高功率灯泡强光模拟的"阳光"照射。

不过，如此完美的马其诺防线在第二次世界大战中没能挡住德国人的侵略，这样一个庞大、先进而又史无前例的防御工事居然没放一枪一炮就被德军轻易攻破。

1940年5月，德军机械化部队突袭比利时，翻越阿登山区，入侵法国，直接插到马其诺防线的背后，兵临巴黎城下。而此时，固守在马其诺防线的法国士兵居然没有向首都方向抽调一兵一卒，还在等待着敌人的正面进攻，结果自然可想而知了。

仅仅6周，法国军事力量就土崩瓦解了。但是马其诺防线本身却稳如泰山，德国人对它的交锋进攻失败了。马其诺防线固若金汤，没有一尊大炮在战斗中被敌人的炮火压制住。当防线最后交付给敌人时，它完好如初。

同年6月，法国政府投降，与德国签订了停战协议。正规的战斗停止

了，但是马其诺防线的驻军不愿相信这一点，他们仍然渴望战斗，并且仍然可以投入战斗。防线的大型地下工事一直坚守到 7 月 1 日，当法国军队总司令的命令直接下达到马其诺防线后，马其诺防线的守卫部队才列队走出工事，走向监狱。

事件影响

应该说，马其诺防线有其存在的价值，一方面它完成了预先的目标，保护了其负责的边界。它的存在是德国决定通过比利时和荷兰进攻法国的重要原因，阿尔卑斯山区的工事群也很容易地挡住了意大利的进攻。

另一方面，尽管防线发挥了作用，却还是被德国占领了。公众将马其诺防线没能拯救法国视作失败，但真正失败的原因是法国最高统帅部在 20 世纪 20 年代和 30 年代没有意识到自己的军事思想已经严重落伍的结果。

西线的马其诺防线，法国士兵悠闲地站岗

上文提到，法国军队在考虑采取何种军事措施以保卫法国的争论中，军队高层分成两派，而法国人最终选择了后者的观点，这是基于很多原因考虑的。

首先，从人口因素上来说，第一次世界大战后，法国只有 4000 万人口，德国有 7000 万，而且德国的出生率更高。

此外研究还表明，因为战争的影响，法国在 1930 年后的五年迎来了严重的兵役人员短缺问题。

其次，经历了一场残酷的世界大战后，法国人更向往和平稳定的生活，既然国耻已雪，不愿再战的民意也令保持一支完全攻势的军队得不到老百姓的支持，和平是那么可贵，谁还愿意主动发起战争？

更为关键的是，在第一次世界大战初期，法国一直崇信大规模进攻的战术，结果在战争中遭到惨败，人员死伤惨重，而后来，数次防御战役中的巨大成功，使大多数人都认为未来的战争形态不会脱离第一次世界大战

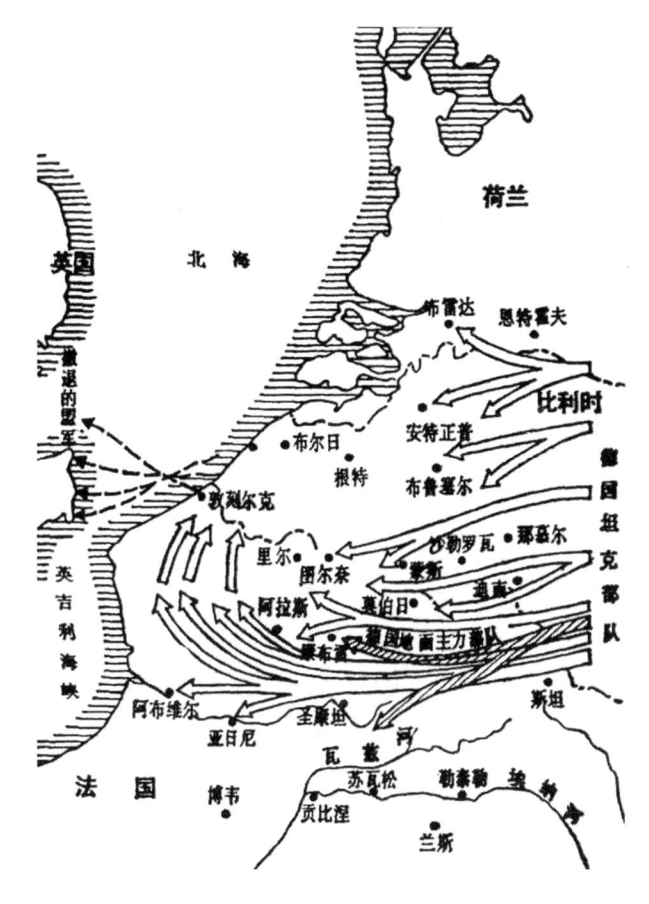

德军突破马其诺防线示意图

的那种类型，因此第一次世界大战中取得的经验被法国人完全保留下来——野战炮兵掩护下的经过要塞加强的不间断线性防御，日后法国人用现代技术对其进行改进，最终将这一完全防御的军事思想发挥到了极致，一场世界大战，使法国人的军事思想从一个极端跳到了另一个极端——从完全进攻变成了完全防守。

在战争爆发前，马其诺防线的修建是法国人的一个骄傲，法国人将国

家安全完全寄托其上。如此一条坚固的防线，完全断绝了敌人从侧翼迂回的可能性，只有在付出惨痛代价的情况下才可能达成突破，法军在使用少量兵力守备防线的情况下可以调集尽可能多的预备队对来犯之敌进行痛击，这种设想不能说不完美。

不过，法国人也并不完全认为马其诺防线牢不可破，也有用机动预备队对来犯之敌在突破后进行反突击的准备，贝当元帅就认为"必须要有高度机动之兵力准备封闭突破口，或对突破防线之敌进行两翼夹击的作战。"

在法国人的理念中，突破马其诺防线的敌军必将遭到惨重的损失，在法军机动兵力的打击下，敌军的进攻必定会遭到失败。但并不是所有人都这么乐观，英国陆军的一位军长，艾伦·布鲁克爵士在1939年末和1940年初曾经两度参观马其诺防线，在日记里写下了他的感想："不用怀疑，马其诺的整个观点是天才的设想。但是它只给我很少的安全感，我认为法国本来可以做得更好，如果把钱花在机动防御的装备上，比如更多更好的飞机和更多的装甲师，而不是把钱扔进地下……马其诺防线最危险的方面在心理上，它给人造成一种错误的安全感，躲在牢不可破的钢铁防线后面的感觉，一旦这种感觉被打破，法国的战斗意志将一起被粉碎。"

不幸的是，这名英国人的担忧恰恰成了事实。1939年9月3日法国对德宣战之后，布置在前线的法国部队根本没有临战前的紧张气氛，从前线到后方，法国人一致认为德国人必然会在马其诺防线面前伤亡惨重，自己必将以微小的代价换来最终的胜利。他们整日里无所事事，既不作战，也几乎不训练。法国士兵每天的工作就是挖一些毫无用处的野战工事，以及享受后方提供的丰富全面的娱乐设施，直到被德军突如其来的攻势打得一败涂地。

相关链接

凡尔登战役

1916年初，德军统帅部决定把战略重点西移，德军总参谋长法金汉将打击目标定在法国境内著名要塞凡尔登。凡尔登是英法军队战线的突出部，

军事失误篇

对深入法国北部的德军侧翼形成严重威胁。同时，占领了凡尔登，也就打通了德军迈向巴黎的通道。

1916年1月开始，法金汉就悄悄集结部队准备攻击凡尔登，同时，德国明目张胆地向香贝尼增兵，作出要在香贝尼发动攻势的姿态。法军总司令霞飞果然上当了。自1914年德军无力攻克凡尔登而转移进攻方向之后，法国人就认为凡尔登要塞已经过时，霞飞在1915年即停止强化要塞。而此时德军向香贝尼移动的动作使霞飞异常警惕，他认为德军

凡尔登要塞司令贝当

会向香贝尼进攻，然后从这里进军巴黎。而此时，德国人正在继续往凡尔登方向悄悄集结兵力。随着集结迹象的渐渐明显和暴露，英法联军终于弄清了德军的真正意图，火速下令向凡尔登增兵。但到2月21日，仅有两个师赶到凡尔登。而这一天，德军开始向凡尔登进攻。

凡尔登战役的序幕拉开了。德军的1000门大炮如雷霆一般轰击着。凡尔登要塞司令贝当指挥守军和增援来的军队拼命抵抗。

战斗对于法军来说是艰苦的。德军有27个师，1000门大炮，而法军只有10万人，270门大炮，但好歹抵住了德军的进攻。待法国援军赶到之后，双方开始了拉锯战。双方都在向凡尔登增兵，摆开了决一死战的架势。

激战到4月，法军的兵力已与德军相当。德军首次使用了毒气弹。但法军仍将德军的攻势一次次阻止在要塞前。7月，德军发起了最后一次进攻高潮，但仍被法军抵挡住，到秋天，法军开始反攻了。

凡尔登战役中德法双方投入了近200万兵力，伤亡人数共计达70多万。德军在这一战役中耗尽了元气。凡尔登战役是第一次世界大战的决定性战役和转折点，德军未能实现它夺取凡尔登包抄巴黎南路的计划，在耗尽兵力后再也找不到出路，最终失败。

历史的碎片

人类历史上的重大失误

德军突袭苏联——斯大林盲目自信贻误战机

【时　　间】1940年

【交战双方】苏联、德国

【失误简述】

德国发动二战蓄谋已久，也作了大量精心的准备。苏联一开始就是德国人和希特勒的目标，侵略和复仇的计划甚至从一战结束就开始形成，苏联是希特勒征服世界的巨大障碍。然而，在苏联，以斯大林为首的一些政府官员却还坐视不动，天真地以为签订《苏德互不侵犯条约》，能保护边境或至少拖延战争发生时间。虽然种种迹象都表明德军即将向苏联发动进攻，但斯大林仍然不相信这是事实，也没有为大战作准备，最终使苏联在苏德战争初期，处于不利的境地。

事件背景

1939年，苏联和德国签订了《苏德互不侵犯条约》。但是仅仅过了1年，希特勒就开始了侵略苏联的部署，先是下令在普鲁士的拉斯滕堡附近修筑了一座大本营，把一批工程专家送到靠近苏联的地方安营扎寨。随后又正式下达了他酝酿已久的巴巴罗萨计划。

巴巴罗萨是12世纪神圣罗马帝国皇帝的名字，希特勒用他的名字为侵苏计划命名，无非是想给这场战争涂上圣战的色彩。

巴巴罗萨计划的总目的是，在对英战争结束以前，以坦克、摩托化部队以及航空兵部队实施闪电式的突然袭击，将苏联西部的苏军主力分割、围歼。尔后向战略纵深发展进攻，攻占列宁格勒、莫斯科和顿巴斯，于1941年入冬前结束战争。在制订计划的时候，希特勒也和部下进行了反复分析、研究，最后一致认为，只有实施闪电战才能彻底征服苏联。

为了配合这个速度，战争意图的保密工作和软化斯大林的怀疑变得至

军事失误篇

1939年，苏德签订互不侵犯条约

关重要。这项欺骗行动很早就开始了。

早在1939年8月，希特勒就迎合斯大林的领土要求，与苏联签订了互不侵犯条约，故意让斯大林在瓜分波兰中得到好处，以欺骗迷惑莫斯科。巴巴罗萨计划制订后，一系列政治欺骗和战略战役伪装措施全面地展开了。

希特勒一反常态地批准向苏联出售新式飞机和一些先进的技术兵器，摆出一副对苏的信任姿态。其实希特勒早盘算过了，在进攻苏联之前，苏联根本来不及利用德国的新技术，而这种做法却可以迷惑他们。苏联人很高兴地吞下了这枚送上门的果子。

希特勒深知，必须采取万无一失的欺骗手段，迷惑对手，才能保证闪击战的成功。他在许多秘密场合反复强调："要尽一切可能制造假相，把他们（指苏联）的注意力引向歧途，迷惑莫斯科，让他们以为我们一直在为进攻英国作准备，等他们明白过来的时候，也正是我们的炸弹落在他们头顶上的时刻。"

1940年7月，希特勒下令制订"海狮"计划，打算从海上入侵英国。这份计划将在气候条件良好并在德军夺得空中优势后付诸实施，以进行一次成功的两栖作战。但是，令希特勒失望的是，德国空军并没有达成预期

历史的碎片 147

人类历史上的重大失误

的效果。于是，希特勒最终作出进攻苏联的决定。这样一来，"海狮"计划就变成了隐藏这一进攻企图的大骗局。

在希特勒的"要尽可能给英国造成最惨重的损失"的指示下，德军采取了一系列行动，以进一步增强"海狮"计划的欺骗性。德国空军加强了对英国的空中轰炸，使欺骗更加逼真。

不久，德国陆军最高司令部制订了两份西线作战计划，代号分别为"鱼叉"和"鲨鱼"，目的是使英国确信，对英国的入侵已经迫在眉睫。

苏德战争前两国军队互访

"鱼叉"计划要求德国驻挪威、丹麦和法国的部队着手准备对英国实施两栖作战，从而给人以德国将在1941年8月1日前后入侵英国本土的假象。

"鲨鱼"计划内容与"海狮"计划相似，进攻地点选在了英吉利海峡。

在此期间，德军还计划并实施了其他重大行动，在不同程度上迷惑斯大林。希特勒下令采取措施继续进行对英战争，包括出兵干涉伊比利亚半岛的计划。这份代号为"费利克斯"的计划，目的在于把英军赶出西地中海。

在布置这些假象的同时，希特勒也作着入侵苏联的准备，德军地面部队开始东调。如此大规模的陆军部队调到接近苏联边界的地方，自然很难瞒过法国、波兰等国家，更瞒不过苏联。为此，在希特勒的授意下，德军统帅部开始制造混淆视听的舆论，为部队频繁调动编造一些合乎情理的理由，比如保卫边境、抵御英国入侵等。

军事失误篇

德军轰炸伦敦

为了达到目的，希特勒不仅对外进行欺骗，也下令给德军最高统帅部的宣传处，让其引导国内公众舆论，使他们认为德军准备入侵英国。

在进攻苏联前不久，欺骗活动还在进行。他们大张旗鼓地准备迎接苏联政府贵宾，下令在柏林的德国政府宾馆摆满鲜花，挂起红旗，同时还下令在晚间秘密装饰柏林火车站。这些准备工作故意以秘密方式进行，表面上不大肆张扬。但是，从事这些工作的宾馆服务人员和铁路员工却很快地就将这些所谓的内幕传了出去，成为公开新闻。

此外，为了避免苏联对德军东调产生疑虑，希特勒还指示德国驻苏大使向苏联进行解释：向波兰调兵是为了接替退伍的老兵；部队进驻罗马尼亚是派一些教官去协助该国进行军事训练等，以保障德军隐蔽地向东线集结。而暗地里，到6月初，德军已将约550万军队，4.7万门火炮，3500辆坦克，4900架飞机和数以万吨的装备，全部运抵苏德边境，三个强大的集团军群全线做好出击准备。德军也奉命采取伪装，装甲部队被称为建筑部队或者训练部队。

事件经过

德军的大规模行动自然引起了苏联情报机构的注意，情报雪片一般飞向了莫斯科。苏联潜伏在西方的王牌间谍佐尔格也向莫斯科发来了报告，但就是这样一份在二战史上被认为是最有价值的情报，被斯大林怀疑有假。佐尔格在报告中不仅具体写明了希特勒将在6月22日对苏联发起攻击，甚至还注明了德国将会投入170个步兵师的兵力和主攻方向为莫斯科。当年4

历史的碎片

人类历史上的重大失误

月 17 日，驻布拉格的苏联情报机构也发出过德国将在 6 月入侵苏联的情报。按 1973 年的统计，斯大林至少获得过 84 份类似的报告。

对于希特勒的野心，斯大林当然知道，但却总被自己的思维所牵制，以为德国不可能如此快地发动战争。

1940 年秋天，希特勒开始了侵略苏联的部署。

4 月 3 日，斯大林收到丘吉尔的一份秘密情报，他提醒斯大林，德国即将入侵苏联。过去的 20 多年来，丘吉尔一直是一个立场坚定的反共分子。自然，他的警告更让人怀疑其动机。斯大林同样也怀疑来自其他西方国家的警告。

与此同时，一份份声称德国即将入侵苏联的情报送到斯大林的办公桌上。代号"宙斯"的情报员潜伏在保加利亚的索菲亚，5 月 14 日，"宙斯"报告，德军将其摩托化师集结在苏联边境线一带。

5 月 19 日，情报员"多拉"从瑞士苏黎世发来的密报称，德国入侵苏联的计划已确定。

5 月 20 日，代号"走读生"的情报员从芬兰赫尔辛基发来的密电也证实了这个消息。

5 月 28 日，代号"ABC"、潜伏在罗马尼亚首都布加勒斯特的情报员证实，德国将在 6 月 15 日入侵苏联。代号"火星"、潜伏在匈牙利首都布达佩斯的间谍也报告了这个日期。潜伏在日本的情报员也从东京发电称，这一天德军将入侵苏联。

对于这些情报，斯大林并不相信，情报分析人员只好将这些密电归入"可疑和误导"一类的情报档案中。

历史的碎片

军事失误篇

潜伏在德国空军司令部的苏联情报人员发来一份备忘录，声称战争随时就要爆发。在收到这份情报后，斯大林在报告旁边批示："或许我们应该告诉这个情报员'滚他妈的蛋'。他提供的不是情报，而是谎言。"

此时，斯大林没有任何可以信赖的人来讨论这些事。经过1937年的大清洗，苏联的外交队伍几乎处于崩溃的状态。外交事务的主要负责人莫洛托夫也只有两年的外交经验。他不懂一门外语，也没有从事外交的特长。虽然贝利亚掌管的国外间谍网发

莫洛托夫

展很快，但在大清洗前，他只是一个地区的警察头目，并不知道如何运行一个国际间谍网。更重要的是，他不知道如何解读和评估所得到的情报。

但每天报告德军在边境行为异常的不仅是这些情报员，苏联红军边防部队也有类似的报告。德军飞机经常侵犯苏联领空。6月10～19日，德军侵犯苏联领空不下86次；6月20～21日，德军侵犯苏联领空达55次。

6月11日，贝利亚偶然发现德军一直在监听红军的电话，于是他立即报告给了斯大林。但斯大林批示说："希特勒和他的将军们不会愚蠢到要在东西两线作战。德国人就是这样在第

贝利亚

历史的碎片　151

一次世界大战中被扭断了脖子。希特勒才不会冒这个险。"

然而，斯大林也感觉到，他和希特勒现在都陷入了一场紧张的竞赛之中。谁能首先集结足够的兵力，谁就一定能赢得战争的胜利。

在长达数月的时间里，斯大林都一直对未来的苏德战争进行思考。

要想大规模地进攻苏联，必须在春末或夏初开战，然后在冬季来临前结束战争。这几乎成了规律。1812年，拿破仑进攻俄国时，就是在6月24日发起攻击的。

6月中旬，德国外交官和其家属开始撤离莫斯科。同时，德军还继续在边境地区集结重兵。而在苏联，斯大林还是拒绝给红军下达战备命令，苏联的列车还在源源不断地向德国运送战略物资。

6月13日，铁木辛哥和朱可夫给斯大林打电话。他们尽了自己最大的努力来劝说斯大林下令备战，但被斯大林拒绝了。

6月14日，苏联《真理报》刊发了一篇政府声明。声明说，德国从未向苏联提出过领土要求，德国正在严格履行《苏德互不侵犯条约》，苏联也在认真遵守这个条约，一些苏联军事单位只是出于训练目的而移驻边境地区。

6月19日，斯大林匆匆离开办公室。他已经有43个小时没有办公了。直到6月20日20时他才回到办公室。这次，他再次收到警告性的情报。他的老搭档、主管外贸的米高扬告诉他，德国的一支拥有25条货船的船队，没有装卸完货物，就匆匆离开了里加港。

斯大林说，他们有权这么做。但他也感觉好像要发生什么事。斯大林给莫斯科军区防空司令伊万·秋列涅夫将军打电话，命令他："局势有些反常，提高防空等级。"然而，他没有给铁木辛哥和朱可夫打电话，他没有让边境部队进入战备状态。

6月21日，在斯大林的指示下苏联驻柏林的外交官会见德国外交部长里宾特洛甫，要求他解释为什么德国在苏德边境集结重兵。德国外交部答复，里宾特洛甫不在柏林。这一天所有的质问，得到的都是同样的答复。直到这时，斯大林才开始真正警觉起来。他下令召开紧急会议。

军事失误篇

会议持续了75分钟。期间，朱可夫打来电话报告，一个德军士兵越过边境告诉苏军，德军将在6月22日黎明入侵苏联，换句话说，离战争爆发只有6~8小时了。

斯大林问这次警告是不是德国的挑衅。铁木辛哥和朱可夫回答称绝对不是。他们可以肯定，这个德国士兵说了实话。他们坚持要让西部边境的部队立即进入战备状态，但斯大林还是没有下令。

1941年6月22日，德军正式开始入侵苏联。

朱可夫

事件影响

斯大林的一系列失误，给苏军在战争中造成了极为严重的影响。

1941年6月22日凌晨，由250万名德军、3400辆坦克、近2000架飞机组成的庞大作战序列分成三路对苏联发动闪电式进攻：

北线冯·勒布元帅统帅的北方集团军群向列宁格勒方向攻击前进，迅速突破红军西北方面军的防线，旋即攻占苏联西北重镇加里宁格勒，横扫环波罗的海三国而后继续向西北方向进攻，很快到达列宁格勒外围。

南线龙德斯泰特元帅统帅的南方集团军群，由克拉科夫前出突破红军西南方面军一线阵地，而后攻克乌克兰西部重镇利沃夫，但在继续前进中遭到实力雄厚的红军西南方面军顽强抗击，进攻受阻。

态势最为险恶的还是中线。由冯·博克元帅统帅的中央集团军群作为德军主力，向红军西方面军一线发动突然袭击。红军方面军司令员巴普洛夫大将面对混乱不明的形势，没有和最高统帅部取得联系而离开方面军指

历史的碎片 153

挥部前往前线了解情况，致使西方面军群龙无首。

德国空军在凌晨3时开始寻找苏军机场，而数量庞大的苏联空军作战飞机按照战前的命令被统一布置在离国境线不远的数个大型机场，于是，几乎所有飞机在地面上就被德国空军瞬间摧毁，苏联红军在第一时间丧失了战场制空权，德国轰炸机群肆无忌惮地空袭边境地区的红军指挥通信系统、后勤保障基地乃至军团集结地。

德中央集团军下辖的两把尖刀——霍特将军的第二坦克集群和古德里安将军的第三坦克集群，分别沿登布林向考纳斯、布列斯特向日托米尔方向出其不意地插向红军西方面军防御阵地的两翼，在轻松突破防线之后，他们不是简单地回头进攻红军的边境筑垒阵地，而是继续沿该方向深入迂回，最大限度发挥了坦克装甲兵团的快速突击能力，短短十天时间就前出绕过整个普利皮亚季沼泽地带，攻克白俄罗斯州首府明斯克，在现在白俄罗斯东部地区会师，对红军西方面军原有一线和二线所有部队完成战略合围。

更为险恶的是，在西方面军正面已经没有第三道防线可以阻挡德军，斯摩棱斯克门户洞开，德军在开战半个多月内即走完了向莫斯科进军的前一半路程。

相关链接

朱可夫

朱可夫，苏联元帅，军事家。1896年12月2日生于卢加省斯特列尔科夫村一贫苦家庭。1915年应征加入俄国军队，参加第一次世界大战。1918年参加红军。国内战争和外国武装干涉时期，参加平息白卫军的叛乱。内战结束后，曾入骑兵指挥人员进修班和红军高级首长进修班深造。1939年指挥苏蒙军在诺门坎地区粉碎了日军的武装进犯。1940年6月任基辅特别军区司令，晋升为大将。1941年1月至7月任副国防人民委员兼总参谋长。

1941年6月22日，纳粹德国向苏联发动闪击战，苏德战争爆发，朱可夫积极参与制定最高统帅部的战略计划，并在前线直接组织实施了一系列

军事失误篇

重大战役。在战略防御阶段，直接参与指挥莫斯科保卫战。在战争转折关头，成功地统帅斯大林格勒会战、突破封锁列宁格勒的作战、库尔斯克会战和第聂伯河会战的各方面军的计划和行动，扭转了苏德战场的战局。1943年1月，因功绩卓著晋升为苏联元帅。在战略反攻阶段，又直接组织和协调实施了白俄罗斯战役、维斯瓦河——奥得河战役和柏林战役，直到最后攻占柏林，代表苏军最高统帅部接受德军投降。

第二次世界大战结束后，驻德苏军部队统编为苏驻德占领军集群，朱可夫出任总司令兼苏联军管局总指挥。1946年4月，朱可夫调离柏林，回莫斯科担任苏武装力量部副部长兼陆军总司令。1953年3月任苏联国防部第一副部长。1955年2月任苏联国防部部长。1958年3月朱可夫正式退休。

1974年，这位战功卓著的元帅溘然长逝。

偷袭珍珠港——美国孤立主义的破产

【时　　间】1940年

【交战双方】美国、日本

【失误简述】

第二次世界大战爆发后，日本在亚太地区的扩张使美日矛盾迅速激化，日本决定在美国尚未准备就绪之时发动突然袭击，取得战争的主动权。珍珠港位于夏威夷群岛的瓦胡岛南部，是美国太平洋舰队的活动中心。日本把美国太平洋舰队看作其南进的最大障碍，认为只有消灭美国太平洋舰队，才可以放心大胆地南进，因而制造了珍珠港事件。

虽然珍珠港事件是日本采取偷袭行动取得成功的，但美国也有着不可推卸的责任。偷袭事件发生前，美国孤立主义盛行，认为日本不敢和美国抗衡，虽然在日本采取行动之前有所察觉，但还是没有引起足够的重视。战略上的失误，加上驻守在基地上士兵的一系列失误，最终造成了惨重的损失。

历史的碎片

人类历史上的重大失误

事件背景

第二次世界大战初期，纳粹德国凭借闪电战，迅速横扫西欧大陆。日本军国主义者认为这是向南推进，夺取英法荷在东南亚的殖民地，攫取战略资源的大好时机。近卫文麿在东条英机等陆军将领的支持下再次组阁，新内阁决定与德、意建立军事联盟，扩大侵略。1940年9月27日，德国、意大利、日本三国同盟正式确立，站在了英国、美国等国家的对立面。

日本海军联合舰队司令官山本五十六认为，要占领东南亚，美国的威胁最大。一旦日美开战，美国太平洋舰队主力必然会从珍珠港出击，从侧翼对日军的东南亚进攻进行牵制。首先必须摧毁美国太平洋舰队在珍珠港的主力，迫使美国订立城下之盟。基于这个想法，他于1941年2月制订了"Z作战计划"。

东条英机

珍珠港位于夏威夷群岛的瓦胡岛南部，东距美国西海岸2090海里，西距日本3200海里，是美国海军在太平洋上的主要基地，也是美国和远东、西太平洋之间的海上交通要道，素有"太平洋心脏"之称。

由于"Z作战计划"过于冒险，遭到海军军令部极力反对。但山本坚持己见，并以辞去联合舰队司令官职务来要挟，最终日海军军令部不得不批准了"Z作战计划"。

随后，日本便立即投入了紧张的备战。日军将与珍珠港地形相似的鹿儿岛海湾作为训练基地，日本的空军、海军日夜进行各种攻击性训练。

与此同时，海军情报部门向夏威夷派出了间谍，侦察美太平洋舰队进

出珍珠港的情况。为了保证袭击成功，防止泄密，除了参与策划的人员外，包括航母舰长在内，谁也不知道有作战任务，并实行了严格的信件检查制度。让海军士官学校的学生穿上正式军服到东京参观，造成日本海军没有任何战争准备的假象，以欺骗国外视线。为了进一步迷惑美国，外交部派前驻德大使来栖三郎作为和平特使赴美，协助野村舍三郎大使与美进行和平会谈。

事件经过

11月16日，日本特混舰队在内海口集结。这庞大的舰队由海军中将南云忠一指挥，它包括6艘航空母舰、2艘配备有14英寸口径大炮的快速战列舰、2艘重型巡洋舰、1艘轻型巡洋舰、9艘驱逐舰、3艘油船和1艘给养船。

11月24日，参战舰船作好了远航的最后准备。

11月26日晨6时，特混舰队起锚出港，悄悄地航行在北太平洋上。

而此时华盛顿的日美谈判还在装模作样地进行。日军还派出大量舰机在日本本土活动，并模拟航空母舰编队，频繁进行无线电联络，以给美国造成其主力舰队仍在本土活动的错觉。

山本五十六

12月2日，特混部队越过东西经日期变更线，进入中途岛以北的海域。这时，山本五十六用新密码给南云忠一发来密令："攀登新高峰1208"。南云忠一随即下令各舰长熄灯行驶，并把"Z作战"行动向全体官兵传达。

12月3日，转向东南，驶向珍珠港。

12月8日（夏威夷时间12月7日）黎明，特混部队到达珍珠港以北约230海里处。

人类历史上的重大失误

  12月7日早上6时，特混部队发起攻击，飞机一架接一架飞离航母，不到15分钟，担任第一波攻击任务的183架飞机就全部飞离甲板，在渊田美津雄海军中校的率领下扑向珍珠港。

  此时，美军太平洋舰队停泊在珍珠港内的舰船计有战列舰8艘、重巡洋舰2艘、轻巡洋舰6艘、驱逐舰29艘、潜艇5艘、辅助舰船30艘。岸上机场停有飞机262架，其余的2艘航空母舰、8艘重巡洋舰和14艘驱逐舰分别在威克岛、中途岛运送飞机，以及在约翰斯顿岛演习。

  7时49分，日军第一次攻击飞机，展开攻击队形，俯冲轰炸机队率先顺山谷进入。

  7时55分，日军成批炸弹暴雨般倾泻到美太平洋舰队基地四周的希凯姆机场、惠列尔机场和福特岛机场，机场上成比翼排列的数百架美机及机库全部被摧毁。

遭到日军袭击的珍珠港

  仅仅几分钟，日本人就彻底毁掉了珍珠港的防空设施，向"赤城"号航空母舰上的南云忠一拍发了袭击成功的信号："虎！虎！虎！"

  7时15分，日军担任第二波攻击的168架飞机起飞，8时46分展开攻

158　历史的碎片

击队形，从瓦胡岛东部进入，8时55分开始攻击，俯冲轰炸机主要攻击美国舰船，水平轰炸机则继续攻击各机场，战斗机担任空中掩护。与此同时，潜入珍珠港内的日本袖珍潜艇施放水雷，发射鱼雷，攻击美舰，封锁港口。

而此时在珍珠港中，几乎没人能够意识到正在发生什么事情。

当第一枚鱼雷命中战列舰"亚利桑那"号时，美国人还是一副难以置信的表情。战列舰"马里兰"号正在升旗，一名水兵还以为是自己一方的飞机，没等他回过神来，炸弹已落在头上。

直到8时，美太平洋舰队司令部才把一份十万火急的电报发往海军部："珍珠港遭空袭，这不是演习。"此时，"俄克拉荷马"号和"西弗吉尼亚"号军舰已被炸裂了，"亚利桑那"号带着1000名水兵沉没了。到这时，美军舰上的高射炮手才投入战斗，但收效甚微。

8时15分，未遭轰炸的哈罗瓦机场起飞了4架美军战斗机，此后陆续起飞25架，与日军飞机展开了空战，但由于寡不敌众，仓促应战，协同不好而伤亡惨重。

将近两个小时，日本人控制着珍珠港的海空，随心所欲地进行着轰炸扫射。

被炸毁的美军战机

10时整，日本飞机全部撤离珍珠港，返回母舰。渊田美津雄要求再发起一次攻击，摧毁珍珠港的修船厂和油库，搜寻美航空母舰。南云忠一没有同意，认为这一战，舰船油料几乎耗尽，如果在这里耽搁，舰船就开不回去了。于是他下令北撤。

这场空袭共持续了一个多小时，日军共投掷鱼雷40枚，各型炸弹556枚，共计144吨。击沉、击伤美军各型舰船总计40余艘，其中击沉战列舰

4 艘、重巡洋舰 2 艘、轻巡洋舰 2 艘、驱逐舰 2 艘和油船 1 艘；重创战列舰 3 艘、巡洋舰 2 艘和驱逐舰 2 艘；击伤重巡洋舰 1 艘、轻巡洋舰 4 艘、驱逐舰 1 艘和辅助船 5 艘。击毁飞机 265 架。美军伤亡惨重，总计 2403 人阵亡，1778 人受伤。日军只有 29 架飞机被击毁，70 架被击伤，55 名飞行员死亡，5 艘袖珍潜艇被击毁，1 艘袖珍潜艇被俘。

日本联合舰队司令官山本五十六赢得了这场赌博，这是他最为冒险、收益最大的一次赌博，这一赌使他名震世界海战史。

事实上，尽管日本采取了各种欺骗和伪装措施，但此举的战略情报仍较早就为美国所掌握。

早在 1941 年 1 月 7 日，山本五十六写信给海军大臣正式提出偷袭珍珠港的设想不久，美国驻日本大使馆就从秘鲁外交官和其他方面得到了这个情报。

1 月 27 日，美国驻日本大使格鲁把这个重要情报电告国务院。国务卿赫尔当即就把它的内容转告了陆军部和海军部。

此外，从 1941 年 1 月到珍珠港事件发生前夕，美国从外交、经济等多个途径获得了日本的大量异常动向，特别是日军准备偷袭珍珠港的密电还被美军截获。

美国情报部门还通过名为"魔术"的密码破译机截获和破译了日本外务省与日驻美使馆之间的 217 份电报和日本对外短波广播电台发出的大量天气预报暗语。通过这些电报和暗语，美军对日本政府积极准备和急于发动太平洋战争的意图可以说了如指掌。事发前美国决策层已认识到，美日之间的战争即将来临。

美国驻日大使格鲁

军事失误篇

那么，为什么美国在获取如此大量战略情报后仍遭到日本的突然袭击呢？主要在于美国的战略思想影响了对战略情报的正确判断。

日军偷袭珍珠港之前，美国政府内有一种普遍看法：日本无论是经济还是军事上所拥有的人力、物力都比美国弱得多，因而不敢进攻美国。

情报机构不健全、不统一，通信联络不畅通，是导致决策人战略判断失误的又一重要原因。

罗斯福总统向国会发表对日宣战演说

例如，1941年12月6日，"魔术"系统已截获日本给美国的最后通牒。当晚9时30分，罗斯福总统看过这一情报的译文后，即打电话找海军作战部长斯塔克商量，但得知斯塔克正在国家大剧院看戏时，竟把这事搁了下来。

珍珠港事件前，美国情报机构分散，送交手续烦琐，没有一个联合的情报机构或情报咨询委员会来鉴定、分析、综合和及时地传达情报，也没有一个国家安全委员会根据情报判断采取相应行动。

美国在珍珠港事件中受挫，其军事战略落后于形势的发展也是主要原因之一。

第一次世界大战后，马汉主义的军事原则在美国盛行，把控制大西洋、太平洋的通道和建立一支世界上最强大的海军列为最高战略目标。基于这一点，美国在20年代把当时的世界海洋霸主英国当做主要假想敌，对日本则处于宽容状态，采取变边缘战争战略，不在西太平洋建设军事基地。

"二战"前，罗斯福曾想改变这一状况，但是在孤立主义盛行的情况下，他的主张未能实现。第二次世界大战在欧洲爆发后，美国即把德国作为主要假想敌，并正确制订了先欧后亚的战略方针。但由于对日本的战略

历史的碎片

人类历史上的重大失误

企图判断失误，继续对日本推行边缘战争战略，没有增强太平洋地区的军事力量，这样就使日本在太平洋地区的军力逐渐超过了美国。当年9月5日，罗斯福曾向菲律宾增援炮兵、坦克部队和作战飞机，但仍没有加强对夏威夷等地的戒备。

这一切注定了美国在劫难逃。

在珍珠港基地，士兵的一系列失误也最终导致了这场灾祸的发生。

1941年12月7日4时许，美国夏威夷州瓦胡岛北端还笼罩在一片夜色中。奥帕纳机动防空雷达站由洛卡德和埃利奥特两人值班，他们将在7时关机下班。7时2分，洛卡德正准备关机时，突然发现雷达示波器上出现了一个光点：是飞机！

这个时候，如果两名操作员能迅速上报，珍珠港的美军就有几十分钟的备战时间。珍珠港事件也许可能是另外一种结局。可惜，两名操作员没能及时上报情况。

两人继续监视。他们发现空中机群正朝夏威夷瓦胡岛飞来，埃利奥特感到了气氛的紧张。他想，这么多的战机突然出现，应该报告夏威夷谢夫特堡的美军情报中心。洛卡德起初还有点犹豫，但最后还是同意把这个空中异常情况报告情报中心。

此时，情报中心只有泰勒中尉一个人值班。当洛卡德报告空情后，泰勒并没有对此提高警惕。他根本没想到6000公里外的日本会对夏威

遭到袭击的美军战舰

夷美军实施突然袭击。他在这之前听说，美军几架B-17远程轰炸机要从本土西部加州过来，他于是就自认为示波器上的大光点图像是美军的B-17轰

炸机。

宝贵的备战时间失去了。防空雷达虽然早在偷袭开始前 50 多分钟就探测到了日军航母战机编队日渐逼近，然而，因为值班的美军官兵缺乏防空敌情观念，最后竟是眼睁睁地看着这一切发生而没有采取任何防范行动。美军因此而付出了极其惨痛的代价。

事件影响

就其战略目的而言，日军对珍珠港的袭击是一次辉煌的胜利，它的结果远远超过了它的计划者最初的设想，在整个战争史上，这样的成果也是很罕见的。虽然日本未能彻底消灭美国在太平洋的海军，但美国在太平洋的海军实力也大大削弱。这次成功偷袭，日本只有很小的损失，这次的成功奠定山本五十六在日本国内的地位。没有美国太平洋舰队的威胁，日本对其他列强在东南亚的力量可以彻底忽略，此后它占领了整个东南亚、太平洋西南部，它的势力一直扩张到印度洋。

从军事史的角度来看，对珍珠港的袭击标志着航空母舰取代战列舰成为海军主力的转折点。但世界海军强国对这一点一直到后来珊瑚岛战役和中途岛战役后才明白过来。

相关链接

山本五十六

山本五十六，1884 年 4 月生于日本本州的封建武士高野贞吉之家，当时其父 56 岁，故给儿子起名为五十六。后过继给山本带刀为养孙而改姓山本。

山本自幼受到了武士道和军事熏陶，于 1901 年考入江田岛海军学院。1904 年，在"日进"号上担任炮官参加日俄对马海战，在战斗中被炸掉了两个手指。1908 年，山本进入海军炮术学校学习，毕业后成为优秀的炮舰专家。1919 年，山本奉命到美国学习，回国后，任海军大学教官。1924 年，第一次和飞机接触后，即认识到飞机对海军将有深刻的影响。1925

年，山本出任日本驻美国大使馆海军武官，回国后，先后任"五十铃"号巡洋舰和"赤城"号航空母舰的舰长。

1930年山本晋升为少将，并出任海军航空本部技术处长。在任期间，将日本的快速战斗机制造提上日程。此后日本生产出开战初期性能优秀的97式舰载攻击机和零式战斗机。

1935年，山本升任海军航空本部部长。当时日本奉行大炮巨舰政策，并制造了"大和"号和"武藏"号巨型战列舰。山本极力反对，但意见被忽视。

1939年，山本出任海军联合舰队司令官。1940年7月，近卫内阁与德、意签订了轴心条约。山本知道日本80%的战略物资都要从英美控制区供应，所以认为该条约不利于日本。并警告近卫首相，若与英美开战，前六个月还可以坚持，之后他也毫无信心。

1941年，随着日本对南太平洋野心的暴露，美国收紧了对日本的经济锁链。1941年6月，德国进攻苏联，日本又面临着向南和向北的选择，这时山本提出了进攻珍珠港的具体计划，并且进行了充分的准备和严格的训练。

1941年12月7日，日本偷袭珍珠港成功，美国太平洋舰队的战列舰全军覆灭。同时，日本成功占领了南太平洋的新加坡、菲律宾和荷属东印度。而后美国正式加入了同盟国，并将其巨大的经济潜力转入了战时轨道。

1942年4月，杜立特空袭东京以及随后的珊瑚海海战使山本感到必须迅速摧毁美太平洋的主力，因此制定了中途岛计划。

1942年6月，日美舰队齐聚中途岛。美国占有情报先机，并且由于日本指挥官南云战术决策的一些失误，日本参加战斗的四艘大型航空母舰全部沉没。此时距珍珠港开战刚好6个月。

1942年8月，在瓜达卡纳尔岛激烈的争夺战中，日本渐渐处于守势。1943年4月，日军放弃瓜岛后，山本为鼓舞士气，决定视察离瓜岛较近的肖特兰基地。美军截获了该情报，并且派战斗机在途中击落了山本的座机，山本身亡。

中途岛海战——第二次世界大战太平洋战区的转折点

【时　　间】1942 年 6 月

【交战双方】美国、日本

【失误简述】

中途岛战役，是第二次世界大战的一场重要战役，也是美国海军以少胜多的一个著名战例。中途岛海战于 1942 年 6 月 4 日展开，美国海军不仅在此战役中成功地击退了日本海军对中途岛环礁的攻击，还取得了太平洋战区的主动权。因此，成为"二战"太平洋战区的转折点。

事件背景

中途岛虽然是太平洋上一个面积不大的小岛，但由于其地理位置，在美国军事上占有重要战略地位。该岛距美国旧金山和日本横滨均 2800 海里，处于亚洲和北美之间的太平洋航线的中途，故名中途岛。

中途岛距珍珠港 1135 海里，是美国在中太平洋地区的重要军事基地和交通枢纽，也是美军在夏威夷的门户和前哨阵地。如果中途岛落入敌方之手，美国太平洋舰队的大本营珍珠港将面临很大的威胁。

从 1941 年 12 月 7 日，日军偷袭珍珠港，美日太平洋战争爆发以来，日本在短短 3 个多月的时间里便占领了东至威克岛、马绍尔群岛，西至马来半岛、安达曼和尼科巴各岛，南至俾斯麦群岛地区，几乎完全控制了整个西太平洋。

在这几个月里，日本军队每取得一次胜利，被战争狂热煽动起来的东京市民就排着长队，挥舞着国旗、军旗在皇宫门前庆贺。

可以说，在当时，日本人对赢得最终的胜利充满了信心。不过，有一个人的头脑还算清醒。此人便是日本海军联合舰队司令山本五十六。日军偷袭珍珠港成功后，他就曾冷静而清醒地指出："我们只是唤醒了一个巨

人，必须在巨人尚未起身之前，完成袭击珍珠港未竟之事业，彻底击溃美太平洋舰队。"

因此，当联合舰队参谋长宇垣少将提出进攻中途岛的计划时，山本五十六给予了有力的支持，他指出，若能占领该岛，则既可将该岛作为日机空中巡逻的前进基地，威胁夏威夷，又可将美军舰队引诱出来进行决战，最终将其彻底击溃。

珍珠港事件后，罗斯福总统决定由切斯特·尼米兹接替金梅尔出任美太平洋舰队的司令，他对尼米兹说："到珍珠港去收拾败局，然后留在那里，直到战争胜利。"

尼米兹临危受命，到任后，很快组织了只有4艘航空母舰及其护航舰的舰队。这支舰队袭击了在中太平洋岛屿上的日军，紧接着实施一项令人震惊的作战计划——轰炸东京。

尼米兹

1942年4月18日，16架B25式轰炸机从美国"大黄蜂"号航空母舰上出飞，飞临东京上空，投下炸弹和燃烧弹后离开。

首都遭到空袭，日本朝野震动，山本五十六更加坚定了要进攻中途岛的决心。

4月28日，日本海军高级将领聚集在"大和"号战列舰上召开会议。会上，山本五十六确定了进攻中途岛的具体作战计划：先派遣一支舰队进攻阿留申群岛，在该群岛的阿图岛、基斯卡岛登陆，以此为诱饵，将美军舰队的注意力引到北面去，然后以主力舰队趁机夺占中途岛。作战日期初步定在6月初。5月5日，日本海军军令部发布了《大本营海军部第18号命令》，正式批准中途岛作战计划，并命名为"米号作战"。

1942年5月7日，美国、日军海军在珊瑚海展开激战。这次海战也是

军事失误篇

世界上航空母舰的首次大规模交锋。日本舰队在实施其占领澳大利亚的第一个步骤——进攻莫尔兹比（新几内亚首都）港口，途中遭遇弗兰克·弗莱彻少将率领的两艘美国航空母舰"约克城"号及"莱克星顿"号，这两艘航母由7艘巡洋舰护卫。

美军"约克城"号航空母舰

在战斗中，日本"祥凤"号航空母舰被击沉，"翔鹤"号航空母舰被严重击伤，美国则损失了"莱克星顿"号航空母舰。珊瑚海战斗对于阻止日本入侵澳大利亚起到了决定性作用，但也增强了山本征服中途岛的决心，他欲在那里建立一个飞机场，打击所有来自美国基地的船只。

对于攻击中途岛计划，山本五十六做了详细的分析。首先，对远离阿拉斯加、由美国控制的阿留申群岛进行了牵制性进攻，希望以此分散美国整个舰队对中途岛的注意力。

不过，山本五十六万万没想到，自己的计划被美国人截获并破译了。尼米兹也决定对阿留申群岛不采取任何行动，而将3艘航空母舰及8艘巡洋舰派往中途岛。

在与英国以及荷兰相关单位的紧密合作下，美国海军情报局开始成功地解读日本海军主要通信系统JN-25的部分密码。

到了5月上旬，联军在破解JN-25上取得了重大突破，也因此得到了窥探日本海军计划的能力。

JN-25让联军得悉"AF方位"将会是日本海军的下一个攻击目标，然而联军就偏偏破解不到"AF方位"的位置。

历史的碎片

"AF方位"究竟是哪里，在美军的高层将领中，一些人认为是中途岛，也有人认为是阿留申群岛。正当美军高层在伤脑筋的同时，一名年轻军官却想到了一个能够确认"AF方位"是不是中途岛的妙计。他要求中途岛海军基地的司令官以无线电向珍珠港求救，说中途岛上的食水供应站出现了问题，导致整个中途岛面临缺水的危机。

　　不久后，一则JN-25信息被美国海军情报局截获，更令他们惊喜的是，内容提到了"AF方位"出现缺水问题。"AF方位"就是为中途岛，也就是日本海军的下一个攻击目标。

　　不过，由于破译JN-25花费了很多时间，尼米兹到了最后一刻才掌握了可靠情报。他立即召回了在太平洋西南方的航空母舰"企业"号、"大黄蜂"号以及因为参与珊瑚海海战而正在珍珠港进行重大维修的"约克城"号。任命雷蒙德·斯普鲁恩斯少将代替患病的哈尔西中将指挥第16特混编队。

　　尼米兹就准备以三艘"约克城"级航空母舰为主力，再加上约50艘支持舰艇，埋伏在中途岛东北方向，攻击前往中途岛的日本舰队。

　　"约克城"号航空母舰经过珊瑚海一战，伤痕累累，计划大修几个月才能重返战场。但是经过72小时不眠不休的抢修，它的飞行甲板已重新铺平，内部也装上新的钢条支撑架，重新配备舰载机组成新的舰载机队。

　　为了让"约克城"号航空母舰能够参加中途岛海战，尼米兹不惜违反许多条例，最终在"约克城"号入港的三天后，它奇迹般地随着美军舰队（第17特混编队）奔向中途岛，展开它的最后一次作战任务。

　　与此同时，在日本方面，参加珊瑚海海战的航空母舰"瑞鹤"号在位于特鲁克的基地等待一批新的舰载机，受伤的"翔鹤"号则在基地进行维修。日军方面认为，美军只会派两艘航空母舰——"企业"号和"大黄蜂"号来参加中途岛海战，而自己则有4艘航空母舰用于战斗，战争结果不言而喻。

事件经过

　　6月4日凌晨，日本第一攻击波机群36架俯冲轰炸机、36架水平轰炸

机和36架零式战斗机开始从4艘航空母舰"苍龙"号、"飞龙"号、"赤诚"号和"加贺"号上同时起飞，108架舰载机在永友文市海军大尉的率领下出发攻击中途岛。

南云中将命令侦察机搜索东、南方向海域，第二攻击波飞机提到飞行甲板上，准备迎击美国舰队。但是重巡洋舰"利根"号的2架侦察机因为弹射器故障，起飞时间耽误了半个小时，"筑口"号的1架侦察机引擎又发生故障中途返航，更加不幸的是，这架飞机按计划正好搜索到美国特混舰队上空。这为日本舰队的失败留下了祸根。

6月4日拂晓，斯普鲁恩斯少将得到侦察机发现日本航空母舰的报告，他立即作出反应，准备攻击日军航母。

6月4日清晨，日本舰载机向中途岛发动了猛烈的攻击。驻扎在中途岛的美军战斗机，包括B-17型轰炸机在内的轰炸机也向日本舰队发动还击。

7时整，永友文市大尉率第一攻击波机群准备开始返航，并向南云中将发出了需要进行第二次攻击的电报。

南云忠一

7时06分，由战斗机、鱼雷机、俯冲轰炸机所组成的117架战机编队，从斯普鲁恩斯少将所率领的第16特混编队"大黄蜂"号及"企业"号升空，奔向200海里外的日军舰队。

7时10分，首批从中途岛起飞的10架美军鱼雷轰炸机出现在南云舰队的上空，并排成单行向日本航空母舰冲去，扑向日航空母舰。在日军战斗机的截杀和日舰猛烈的炮火下，很快被击落了7架。永友的报告和美机的攻击，使南云中将相信中途岛的防御力量还很强，于是决定把原来准备用于对付美舰的飞机改为对中途岛进行第二次轰炸。此时，他仍然没有发现美军舰队。

人类历史上的重大失误

激烈的中途岛海战

7时15分，南云忠一下令"赤城"号和"加贺"号将在甲板上已经装好鱼雷的飞机送下机库，卸下鱼雷换装对地攻击的高爆炸弹。

7时30分，南云忠一接到"利根"号推迟半小时起飞的一架侦察机发来的电报：距中途岛约240海里的海面发现10艘美国军舰。

收到报告，南云忠一一方面命令该侦察机继续侦查查明对方是否拥有航空母舰，一方面命令暂停对鱼雷机的换弹。就在南云等待侦察机的侦察结果时，空中再次响起了警报。从中途岛起飞的40多架美军B-17轰炸机和俯冲轰炸机突然出现在日本舰队上方。由于美军的轰炸机没有战斗机护航，结果很快就被南云派出的零式战斗机击退。

8时15分，南云忠一收到美军舰队中有航空母舰的报告，于是他下令各舰停止装炸弹，飞机再次送回机库重新改装鱼雷，日本航空母舰的甲板上一片混乱，为了争取时间，卸下的炸弹都堆放在甲板上。

8时30分，空袭中途岛的第一攻击波机群返航飞抵日本舰队的上空。还有那些保护航空母舰的战斗机也需要降落加油。南云忠一处于进退维谷的境地。

第二航空母舰战队司令山口海军少将向南云忠一建议立即命令攻击部队起飞。第二批突击飞机换装鱼雷还没有完成，如果马上发动进攻，也没有战斗机护航。而且舰上的跑道被起飞的飞机占用，那么油箱空空的第一攻击波机群会掉进海里。

最终，南云忠一作出了推迟攻击时间的决定。他首先收回空袭中途岛和拦截美军轰炸机的飞机，然后重新组织部队以进攻美军特混舰队。

8时37分，返航的飞机开始相继降落在四艘航空母舰飞行甲板上。

8时40分，弗莱彻少将率领的第17特混编队"约克城"号起飞了35架战机。

9时18分，日军舰载机全部返回航空母舰。南云忠一命令舰队以30节的航速向北航行，以避开再来攻击的美机，准备全力进攻美军特混舰队。

9时20分，掩护日本舰队的战斗机开始起飞。

9时25分，15架"复仇者"式鱼雷轰炸机组成的编队从"大黄蜂"号航空母舰上起飞，并发现了南云舰队。不幸的是，他们的燃油即将耗尽，而且没有战斗机护航。在战斗中，被零式战斗机和高射炮火全部击落，30名飞行员除1人生还外全部遇难。

9时30分，从"企业"号、"约克城"号起飞的28架美军战机陆续尾随而来，向"苍龙"号和"飞龙"号展开攻击。然而在攻击南云舰队的时候遭到重创，损失了20架鱼雷轰炸机，所投鱼雷也无一命中。

正当日军战斗机在低空反击美军鱼雷机的时候，上空又出现了美军机群，那是由麦克拉斯基少校率领的从"企业"号航空母舰起飞的33架"无畏"式俯冲轰炸机。此时，日舰正在掉头转到迎风的方向，处于极易受攻击的境地，甲板上只停放着几架零式战斗机。

10时24分，第一架换班的防空日本战斗机飞离飞行甲板时，"企业"号的33架"无畏"式俯冲轰炸机，分成两个中队分别攻击"赤城"号航空母舰和"加贺"号航空母舰，接踵而来的17架从"约克城"号航空母舰上起飞的"无畏"式俯冲轰炸机则专门攻击"苍龙"号航空母舰。转眼间，日军的这3艘航空母舰笼罩在一片火海之中，堆放在机库里面的飞机

以及燃料和弹药引起大爆炸，火光直冲云霄，5分钟过后，这3艘航空母舰全部沉入太平洋。

10时40分，接替指挥空中作战的日第2航空战队司令官山口多闻少将发动反击，18架由"九九"式俯冲轰炸机和6架零式战斗机组成的攻击编队从"飞龙"号航空母舰起飞。飞向目标途中，发现了一批正在返航的美军轰炸机，便悄悄地尾随。结果发现了美军"约克城"号航空母舰，并立即发动攻击。"约克城"号航空母舰被3颗炸弹击中，但是在美军船员的极力抢修下，恢复了航行功能。

11时30分，南云忠一及其幕僚转移到了"长良"号巡洋舰，开始集合残余的舰队。

13时40分，"约克城"号航空母舰又遭到日军10架鱼雷机和6架战斗机的袭击。在战斗中，"约克城"号航空母舰被两枚鱼雷击中，左舷附近掀开两个大洞，并把舰舵给轧住了。弗莱彻少将被迫转移到巡洋舰，将指挥权移交给斯普鲁恩斯少将。

14时45分，美军侦察机发现日军"飞龙"号航空母舰，斯普鲁恩斯立即命令"企业"号、"大黄蜂"号航空母舰的30架"无畏"式俯冲轰炸机起飞攻击。

15时，美军"约克城"号航空母舰的舰长巴克马斯特被迫下令弃舰。然而，它却并没有沉没，于是美军又回到该舰上，试图由拖船拖向珍珠港。

16时45分，美军"企业"号航空母舰的俯冲轰炸机成功地攻击了日军剩下的"飞龙"号航空母舰。"飞龙"号当即命中4弹，船上一片火海。山口司令官和舰长加来止男随舰葬身大海。

斯普鲁恩斯

6月4日晚19时，已经被摧毁的日军"苍龙"号、"加贺"号航空母

舰先后沉没。

6月5日2时55分，山本五十六下令取消攻击中途岛的命令。

准备攻击日军的美军战机

6月5日夜间，日军两艘重巡洋舰"最上"号和"三隈"号在浓雾中转向时互撞，"最上"号重创，"三偎"号留下陪伴左右。

3时50分，日军被迫放弃被摧毁的"赤城"号航空母舰，为了避免航空母舰落入敌手，山本命令"野分"号驱逐舰发射鱼雷将其击沉。

5时10分，"飞龙"号航空母舰因无法挽救被日军驱逐舰发射的鱼雷击沉。

6月5日天明，"三隈"号巡洋舰与"最上"号巡洋舰遭到美军飞机一轮又一轮的轰炸。最后，"三隈"号巡洋舰被击沉，"最上"号巡洋舰则侥幸逃脱。攻击结束以后，美军特混舰队随即撤离战场。

13时00分，日军Ⅰ-168号潜艇发现了"约克城"号航空母舰，随即发射4颗鱼雷，其中2颗命中"约克城"号航空母舰，1颗命中护航的"哈曼"号驱逐舰，两舰相继沉没。

中途岛之战终于宣告结束。

事件影响

在中途岛战役中，美军只损失一艘航空母舰、1艘驱逐舰和147架飞机，阵亡307人；而日本却损失了4艘大型航空母舰、1艘巡洋舰、330架飞机，还有几百名经验丰富的飞行员和3700名舰员。从此，在太平洋战场上，日本海军开始走向失败。

为了掩饰自己的惨败，避免挫伤部队的士气，6月10日，日本电台播放了响亮的海军曲，并宣称日本已成为太平洋上的最强国。当惨败的舰队疲惫不堪地回到驻地时，东京竟举行灯笼游行以庆祝胜利。

美国海军首脑事后评价道："中途岛战斗是日本海军350年以来的第一次决定性的败仗。它结束了日本的长期攻势，恢复了太平洋海军力量的均势。"同时，对日本高级将领来说，中途岛战役给他们留下了痛苦的回忆，这种回忆使他们直到第二次世界大战结束，再也无法清晰地判断战局。

美国著名海军历史学家塞缪尔·莫里森把美国海军在中途岛海战中的胜利称之为"情报的胜利"。美国海军提前发觉日本海军的计划，是日本海军失利的唯一最主要的原因。但许多军事家认为，日本海军坚持以战列舰作为海战决战的决定性力量，把航空母舰当做辅助性力量使用，忽略了航空兵力的作用是导致失败的最终原因。

分散部署兵力，是日本海军在这次战役中的最明显失误，联合舰队各部队在相隔很远的距离上单独作战，而美国海军最大限度地集中部署兵力。联合舰队的优势被削弱了。日军计划的另一个失误是，进攻中途岛本来是诱使敌舰队决战，可却给航空母舰套上支持占领中途岛的任务，并一相情愿地认为在中途岛受到攻击以前，敌舰队不会离开其基地。日军侦察搜索计划同样不利，最后导致南云忠一遇到进退维谷的难题和来回换装鱼雷、炸弹的尴尬局面。

经过中途岛战役，日本、美国在太平洋地区的航空母舰实力发生了彻底改变。日军仅剩大型航空母舰2艘、轻型航空母舰4艘。从此，日本在太平洋战场开始丧失战略主动权，战局出现有利于盟军的转折。

相关链接

尼米兹

1885年，尼米兹出生于美国得克萨斯州的弗雷德里克斯堡。1901年9月，考入安纳波利斯的美国海军学院。4年之后以优异成绩毕业，赴战列舰上实习。1907年1月实习期满即获海军少尉军衔，成为"帕奈"号炮艇艇长，同年7月又成为"迪凯特"号驱逐舰舰长。1917年8月，尼米兹调任大西洋舰队潜艇部队司令罗比森的工程副官。1918年秋至1919年初，就任海军作战部潜艇设计委员会高级成员，此后出任"南卡罗来纳"号战列舰副舰长。1920年6月，奉命前往珍珠港修建潜艇基地。同年年底，晋升为海军中校，就任基地司令兼第14潜艇分遣队司令。

1922年，尼米兹进入海军军事学院深造。1923年6月，尼米兹出任战列舰舰队司令罗比森的副官、助理参谋长和战术官，在罗比森的支持下进行环形编队试验和演习。1925年10月，罗比森晋升为美国海军总司令，尼米兹仍任其副官、助理参谋长和战术官。1926年秋，尼米兹调任伯克利的加利福尼亚大学海军科学与战术教授，组建海军后备军官训练团。1929年6月，改任圣迭戈第20潜艇分遣队司令。两年之后升任圣迭戈驱逐舰基地司令。1934年出任"奥古斯塔"号重型巡洋舰舰长。

1935年，尼米兹调任海军部航海局（现为人事局）局长助理。1938年6月，尼米兹晋升为海军少将。同年7月，出任第2巡洋舰分遣舰队司令，稍后因病改任第1战列舰分遣舰队司令。

珍珠港事变后，根据罗斯福的指示，尼米兹于1941年12月17日晋升为海军上将，赴珍珠港接替金梅尔海军上将，出任美国太平洋舰队总司令。1942年1月，在尼米兹的决策下，美国海军的两艘航空母舰组成联合编队，突袭了日军控制的马绍尔群岛和吉尔伯特群岛。它的成功，振奋了美军的士气。

1943年5月，盟军决定沿中太平洋和西南太平洋两条路线向日军进攻，中太平洋作战由尼米兹指挥，西南太平洋作战由麦克阿瑟指挥，以逐

岛进攻为基本战略。11月20日，尼米兹下令发起吉尔伯特群岛战役。是年年底，太平洋战场的战略主动权完全转归盟军。尼米兹将下一个作战目标指向马绍尔群岛的心脏，战役于次年2月结束。此后，尼米兹决定不对5万日军坚固设防的特鲁克群岛发起突击，而先用航空母舰舰载机实施猛烈轰击，然后绕过该岛前进。接着，尼米兹锋芒直指马里亚纳群岛。1944年3月，美军炮击帕劳群岛，6月15日，开始在塞班岛登陆。

尼米兹和麦克阿瑟之间曾就此后作战方向发生争执。前者主张先获得棉兰老岛空军基地，孤立吕宋，进攻台湾和中国沿海，继而打击日本本土；后者则主张迅速攻占菲律宾并获得参谋长联席会议的支持。尼米兹派哈尔西率第3舰队参加解放菲律宾的作战。

1944年12月，尼米兹晋升为海军五星上将。攻克硫磺岛之后，1945年4月1日，尼米兹命令向冲绳岛发起突击。6月22日，该岛陷落。

日本宣布无条件投降之后，1945年9月2日，尼米兹代表美国参加日本投降仪式。战争期间，尼米兹获得3枚优异服务勋章，10月5日被美国政府定为"尼米兹日"。

1945年11月，尼米兹出任美国海军作战部长，继续强调海军的重要性。1947年11月任期届满卸任。与波特合著有《海上力量：海军史》和《大平洋的胜利：海军的抗日战争》。1966年2月20日，尼米兹病逝于美国旧金山。